suhrkamp taschenbuch 227

Hermann Hesse, am 2. Juli 1877 in Calw/Württemberg als Sohn eines baltendeutschen Missionars geboren, starb am 9. August 1962 in Montagnola bei Lugano. Das Werk Hermann Hesses, ausgezeichnet mit dem Nobelpreis 1946, erscheint im Suhrkamp Verlag.

Max Brod: »Kafka las Hesse mit Begeisterung.«

Alfred Döblin: »Mit einer Sicherheit, die ohnegleichen ist, rührt er an das Wesentliche.«

Die Erstausgabe der *Nürnberger Reise* erschien 1927, im selben Jahr wie die des *Steppenwolf*. Beide Bücher sind kritische Auseinandersetzungen nicht allein mit dem Zeitgeist der zwanziger Jahre, sondern mit der blinden Progressivitäts-Euphorie unseres Jahrhunderts, dessen vorwiegend quantitative Errungenschaften die Weltkriege der Vergangenheit, die Psychosen, Umweltprobleme und Kriege der Gegenwart ausgelöst haben. Während Hesse im *Steppenwolf* diese Zeitkritik objektiviert, kommt sie in seinem 1925 entstandenen Nürnberger Reisebericht ganz spontan und unmittelbar zum Ausdruck. Bereits damals wurde ihm das durch Industrie und Verkehr zunehmend ruinierte Stadtbild des historischen Nürnbergs zu einem Zeitsymbol: »daß wir jenen Werken der alten Kultur gar nichts entgegenzusetzen haben, und daß uns nichts übrigbleibt, als sie mit unserer vollkommen geistlosen Technik vollends zu zerstören«.

»Hesse schreibt seit Jahren Bekenntnisdichtung, die vor keinem Bejahungsparagraphen zu Kreuze kriecht, und es kommt gerade darauf an, daß nicht irgendwer, sondern ein Name gültigen Ranges von den jungen Dichtern nicht schönen Ausdruck und vorbildliche Form, sondern die letzte Aufrichtigkeit bis zur Selbstaufgabe fordert... Die Art dieser scheinbar plaudernden, unpathetischen, ironischen Bekenntnisschreiberei ist – man vergleiche sie etwa mit der »Pariser Rechenschaft« Thomas Manns – etwas ganz Neues. Während Theorien errichtet werden, daß jetzt Dokumente an Stelle der Dichtung treten müßten, daß Kunstwerk von nun an nur Ordnung der Tatsachen zu sein hätte, überrascht Hesse mit einem Werk, das nichts als höchst subjektive Wirklichkeit, Dokumente des Seelischen, mit fanatischer Gewissensstrenge wiedergibt und dennoch allen Glanz und alle Wärme alter Dichtung ausstrahlt.«

Heinrich Wiegand

Hermann Hesse
Die Nürnberger Reise

Suhrkamp

suhrkamp taschenbuch 227
Dritte Auflage, 23.–32. Tausend 1977

Suhrkamp Taschenbuch Verlag
 · Satz IBV Lichtsatz KG, Berlin · Druck: Ebner, Ulm · Printed in Germany · Umschlag nach Entwürfen von Willy Fleckhaus und Rolf Staudt.

Die Nürnberger Reise

Der Verfasser dieser Reiseerinnerungen hat nicht das Glück, zu jenen Menschen zu zählen, welchen für ihre Handlungen klare Gründe bewußt sind; er hat auch nicht das Glück, bei sich oder bei anderen an solche Gründe zu glauben. Gründe, so scheint mir, sind immer unklar, Kausalität findet im Leben nirgends statt, nur im Denken. Der vollkommen vergeistigte, der Natur ganz und gar entwachsene Mensch zwar müßte fähig sein, in seinem Leben eine lückenlose Kausalität zu erkennen, und wäre berechtigt, die seinem Bewußtsein zugänglichen Ursachen und Antriebe für die einzigen zu halten, denn er bestünde ja ganz und gar nur aus Bewußtsein. Doch habe ich einen solchen Menschen oder einen solchen Gott noch niemals angetroffen, und bei uns anderen Menschen erlaube ich mir, gegen alle Begründungen eines Tuns oder Geschehens skeptisch zu sein. Es gibt keine Menschen, die aus »Gründen« handeln, sie bilden sich das bloß ein, und namentlich versuchen sie, im Interesse der Eitelkeit und Tugend, anderen dies einzubilden. Bei mir selbst jedenfalls habe ich stets und immer feststellen können, daß die Antriebe zu meinen Taten in Regionen liegen, wohin weder mein Verstand noch mein Wille reicht. Und wenn ich heute die Frage an mich richte, was eigentlich der Grund zu meiner Herbstreise aus dem Tessin nach Nürnberg gewesen sei – einer Reise, welche zwei Monate dauerte –, dann komme ich sehr in Verlegenheit, und je genauer ich zusehe, desto mehr verzweigen, spalten und teilen sich die Gründe und Antriebe und reichen schließlich bis in ferne Jahre zurück, nicht aber als eine linienhafte Kausalitätsreihe, sondern als ein vielmaschiges Netz von solchen Reihen, so daß schließlich diese an sich belanglose und zufällige Reise von unzähligen Punkten meines früheren Lebens aus bestimmt worden zu sein scheint. Nur die paar gröbsten Knoten dieses Gewebes sind mir erfaßbar. Als ich vor einem Jahre einmal kurze Zeit in Schwaben war, beklagte sich einer meiner schwäbischen Freunde, der in Blaubeuren wohnt, darüber, daß ich ihn nicht besucht habe, und ich gab ihm das Versprechen, bei meiner nächsten Schwabenreise dies Versäumnis gutzumachen. Dies war, von außen gesehen, der erste Anstoß zu meiner Reise. Aber schon dies Versprechen hatte Hinter- und Nebengründe, wie ich nachher deutlich erkannte. So gern ich einen alten Freund wiedersehe, der sich auf meinen Besuch freut, so bin ich doch ein bequemer, reise- und menschenscheuer Mann, dem der Gedanke an eine Reise auf kleinen entlegenen Landbahnstrekken wenig Liebenswertes hat. Nein, es war nicht nur die Freundschaft oder gar die Artigkeit, die mich jenes Versprechen geben ließ, es war noch anderes dahinter, es steckte hinter dem Namen »Blaubeuren« ein Reiz und Geheimnis, eine Flut von Anklängen, Erinnerungen und Lockungen. Blaubeuren, das war erstens ein liebes altes schwäbisches Landstädtchen und war der Sitz einer schwäbischen Klosterschule, wie ich selber als Knabe eine besucht hatte. Ferner gab es in Blaubeuren und in ebenjenem Kloster berühmte und kostbare Sachen zu sehen, namentlich einen gotischen Altar. Diese kunsthistorischen Argumente allerdings hätten mich schwerlich in Bewegung gesetzt. Aber da klang in dem Komplex »Blaubeuren« noch etwas anderes mit, etwas, das zugleich schwäbisch, poetisch und für mich von außerordentlichem Reize war: bei Blaubeuren lag das berühmte Klötzle Blei, und in Blaubeuren im Blautopf hatte einst die schöne Lau gewohnt, und diese schöne Lau war vom Blautopf unterirdisch in den Keller des Nonnenhofes hinübergeschwommen, war dort in einem offenen Brunnen erschienen, »schwebend bis an die Brust im Wasser«, wie ihr Geschichtschreiber berichtet. Und hier in den holden Phantasien, die um die zauberischen Namen Blau und Lau schweiften, war meine Begierde nach Blaubeuren erwachsen. Erst viel später kam ich mit dem Verstand dahinter und konnte feststellen, daß es der Anblick des Blautopfs und der schönen Lau und ihres Bades im Nonnenhofkeller war, wonach ich Wünsche hegte, und daß aus dieser Quelle meine Bereitwilligkeit zu einer Reise nach Blaubeuren floß. Ich habe immer gefunden, daß nicht nur ich, sondern auch jene beneidenswerten Menschen, die für ihre Taten Gründe anzugeben wissen, in Wahrheit niemals von diesen Gründen bewegt und geleitet werden, sondern stets von Verliebtheiten, und habe nichts dagegen, mich zu dieser Verliebtheit zu bekennen, denn sie hat zu den stärksten und schönsten meiner Jünglingsjahre gehört. Zwei Frauenfiguren aus Dichtungen haben in den Jugendjahren meine dichterischen und meine sinnlichen Phantasien als holde Vorbilder geleitet, beide schön, beide geheimnisvoll, beide vom Wasser umspült: die schöne Lau aus dem »Hutzelmännlein«

und die schöne badende Judith aus dem »Grünen Heinrich«. An beide hatte ich in vielen, sehr vielen Jahren niemals mehr gedacht, ihre Namen nie mehr ausgesprochen, ihre Geschichte nie mehr gelesen. Und nun plötzlich, beim Denken an das Wort Blaubeuren, sah ich die schöne Lau wieder, bis an die Brust im Wasser, die weißen Arme auf die Steinbrüstung des Kellerbrunnens gestützt, und lächelte und wußte Bescheid um den Antrieb zu meiner Reise. Und außer der schönen Lau, die ich ja kaum an ihrem einstigen Wohnort anzutreffen hoffen durfte, war mit diesen Klängen und Phantasiekreisen verwoben die Erinnerung an meine Jugend und ihre starke Traumwelt, an den Dichter Mörike, an uralte schwäbische Worte, Spiele und Märchen, an die Sprache und Landschaft meiner Kindheit. Weder das Vaterhaus noch die Stadt meiner Kinderjahre konnten einen ähnlichen Zauber auf mich üben, sie hatte ich allzuoft wiedergesehen, allzu gründlich verloren. Hier aber, in den Vorstellungen um den Klang »Blaubeuren« herum, war alles konzentriert, was in mir noch lebte von Herzensbeziehungen zu Jugend, Heimat und Volk. Und all diese Beziehungen, Erinnerungen und Gefühle standen im Zeichen der Venus, der schönen Lau. Ein stärkerer Zauber freilich war nicht zu denken.

Indessen schlummerte dies alles noch in mir, und nichts davon drang in mein Bewußtsein, und die ganze Reise war vorerst nur ein Versprechen – ich konnte es in zwei oder in zehn Jahren ausführen. Da kam eines Tages im Frühling die Einladung zu einer literarischen Vorlesung in Ulm. Hätte sie mich in einem anderen Augenblick getroffen, so hätte ich sie auf dieselbe

Weise erledigt wie alle anderen, mit einer höflich absagenden Postkarte wäre die Sache getan gewesen. Nun aber kam die Ulmer Einladung nicht in einem beliebigen Augenblick, sondern in einem besonderen, sie kam zu einer Zeit, wo das Leben mir ungewöhnlich viel Mühe machte, wo ich ringsum nur Sorgen, Last und Unlust und keinerlei frohe Aspekte sah, und wo jeder Gedanke an Veränderung, an Wechsel, an Flucht mir willkommen sein mußte. Ich schrieb daher jene höfliche Postkarte nicht, sondern las die Einladung ein zweites Mal durch, diesmal schon mit dem aufdämmernden Gedanken, daß Ulm ganz in der Nähe von Blaubeuren liege, und ließ sie einen Tag oder zwei auf dem Schreibtisch liegen. Und dann sagte ich zu, mit der einzigen Bedingung, daß die Vorlesung nicht mitten im kalten Winter, sondern im Herbst oder Frühling stattfinde. Sie wurde von den Ulmern auf Anfang November festgelegt, und ich erklärte mich einverstanden, allerdings nicht ohne jene kleine Reservatio mentalis, mit der ich jede auf lange Frist gegebene Zusage betrachte, mit dem heimlichen Nebengefühl: »Wenn es dann soweit ist, kannst du ja immer noch abtelegraphieren.«

Nun, es war Frühling und der November noch weit, und ich dachte nicht sehr viel an diese Verabredung. Andere Gedanken und Sorgen waren da, nähere, brennendere, und wenn ich je einmal wieder an die Sache mit Ulm erinnert wurde, so dachte ich an sie eher mit einem gewissen Mißmut darüber, daß ich mich nun wieder einmal zu einer Veranstaltung hatte verlocken lassen, an deren Wert ich nicht glaubte und die mir schließlich zur lästigen Pflicht werden würde.

Sänger, Virtuosen oder Schauspieler, deren Beruf nun einmal das öffentliche Auftreten ist, haben sich eben mit der lästigen Einrichtung abzufinden, daß sie sich für halbe und ganze Jahre voraus auf bestimmte Tage und Stunden verpflichten müssen, wie es auch zu ihrem Berufe gehört, sich von der Stimmung und Laune des Augenblicks unabhängig machen und jederzeit ihre Kunst spielen lassen zu müssen. Aber für einen Schriftsteller, einen stillen, wenig reisenden Dorfbewohner und Studierzimmermenschen, ist der Gedanke, daß er am zwölften des übernächsten Monats unweigerlich in dieser oder jener Stadt vorzulesen habe, unter Umständen grauenhaft. Wie leicht kann man um diese Zeit gerade krank sein! Wie leicht kann es sein, daß gerade dann günstige Arbeitszeiten sind, daß die gute Stunde da ist, auf die man oft so lange vergeblich wartet – und dann soll man, mitten in der besten Arbeit, für Tage alles weglegen, soll Koffer packen, Fahrpläne studieren, soll reisen, in fremden Städten in Hotelbetten schlafen und vor fremden Menschen seine Gedichte vorlesen, Gedichte, zu denen man im Augenblick vielleicht gar kein Verhältnis mehr hat, die einem erledigt und dumm vorkommen! Und so hat der Dichter es oft recht widerlich zu büßen, wenn er durch Eitelkeit, Gewinnsucht oder Reiselust sich zu einer Vorlesung hat verlocken lassen.

Menschen, welche eine geregelte, organisierte Arbeit leisten, welche gewohnt sind, täglich um acht und um zwei Uhr ihre Arbeit zu beginnen, auf ein Telegramm hin binnen kürzester Frist weite Reisen anzutreten, denen ein freier Nachmittag schon ein kleines Paradies bedeutet, die ihren Vergnügungen mit der

Uhr in der Hand obliegen – diese Menschen haben ja keine Ahnung davon, in wie müßiggängerischer, ungeregelter, launischer, zeitvergeudender Weise ein Dichter sein fragwürdiges Leben hinbringt! Es gibt zwar solche, die pflichttreu und mit einer gewissen Regelmäßigkeit und Ausdauer ihrer Arbeit obliegen, zähe Stunden am Schreibtisch verharren, morgens zur bestimmten Stunde beginnend, welche sich zur Unempfindlichkeit sowohl gegen Witterung und akustische Störungen aus der Umwelt wie auch gegen die eigene Laune und Trägheit erzogen haben, heroische, edle Männer, denen ich bereit bin die Schuhriemen aufzulösen, denen nachzueifern für mich aber ein hoffnungsloses Beginnen wäre. Was mich betrifft, so glaube ich, daß kein anständiger und arbeitsamer Mensch mehr mir die Hand geben würde, wenn er wüßte, wie wenig Wert die Zeit für mich hat, wie ich die Tage und Wochen, ja Monate vergeude, mit welchen Spielereien ich mein Leben vertue. Kein Vorgesetzter, kein Amt, keine Regel schreibt mir vor, wann ich am Morgen aufzustehen und am Abend zu Bett zu gehen, wann ich zu arbeiten und wann zu ruhen habe, meiner Arbeit ist kein Termin gesetzt, und es geht den Teufel etwas an, ob ich für ein Gedicht von drei Strophen einen Nachmittag oder ein Vierteljahr brauche. Wenn ein Tag mir zu hübsch erscheint, um ihn zum Arbeiten zu verwenden, so ehre ich ihn durch Spazierengehen, Aquarellmalen und Nichtstun. Wenn ein Tag mir zu grau oder zu schwül, zu kalt oder zu warm erscheint, um an ihm zu arbeiten, so vertue ich ihn lesend auf dem Kanapee oder male mit Farbstiften Blätter voll verknäuelter Phantasien oder bleibe überhaupt im Bett liegen, namentlich wenn es Winter ist und ich auch noch Schmerzen habe. Wenn ich meine Füllfeder verlegt habe oder das Bedürfnis fühle, über das Verhältnis zwischen indischer und chinesischer Mythologie nachzudenken, oder wenn mir auf dem Morgenspaziergang eine schöne Frau begegnet ist, dann wird ohnehin an Arbeit nicht gedacht. Dagegen ist allerdings, wenn auch Arbeiten nicht meine Stärke und mir im Grunde zuwider ist, das Streben nach fortwährender Arbeitsbereitschaft mir hohe Pflicht. Ich habe zwar Zeit zum Nichtstun, habe aber keine Zeit für Reisen oder Geselligkeit oder Angelsport oder andre hübsche Dinge – nein, ich muß stets in der Nähe meiner Arbeitsstätte, allein, ungestört, jeden Augenblick zur eventuellen Arbeit bereit sein. Wenn ich für morgen abend nach Lugano zu Tisch eingeladen bin, so stört mich das, denn weiß ich, ob nicht morgen abend einer der schönen, der seltenen Augenblicke geflogen kommt, in denen mir der Zaubervogel singt, in denen die Wollust der Arbeit ruft? Für einen Müßiggänger dieser Art nun, der doch immerzu und jeden Tag sich heimlich zur Arbeit gerüstet wissen möchte, gibt es kaum etwas Widerlicheres, als monatelang im voraus zu wissen, daß er an dem und dem vorbestimmten Tage da oder dort zu erscheinen und eine gewisse Arbeit zu leisten hat.

Wäre mir daran gelegen, mein regelloses und vertanes Leben zu rechtfertigen, so könnte ich ja allerdings einige Punkte zu meiner Entlastung anführen. Ich könnte davon sprechen, daß im Augenblick der wirklichen Arbeit, sei es auch nur wenigemal im Jahre, kein Wetter und keine Gesundheit, kein Hindernis, kein

Tag und keine Nacht für mich mehr existiert, daß ich dann fanatisch wie ein Fakir, der Welt und meiner selbst vergessend, mich in den Wirbel der Arbeit werfe, aus dem ich dann erschöpft, klein und gebrochen wiederkehre. Ich könnte auch dies erwähnen, daß meine Zeitvergeudung nicht bloß Faulheit und Unordnung, sondern auch bewußter Protest gegen den irrsinnigsten und heiligsten Satz der modernen Welt sei: daß Zeit nämlich Geld sei. An sich ist dieser Satz ja völlig richtig, man kann Zeit leicht in Geld verwandeln, wie man elektrischen Strom leicht in Licht und Wärme verwandeln kann. Irrsinnig und gemein an jenem dümmsten aller Menschheitssätze ist ja nur dies, daß »Geld« unbedingt als Bezeichnung für einen höchsten Wert gesetzt wird. Aber die Rechtfertigung sei mir erlassen. Ich bin in der Tat, trotz aller Scheinbeweise, die dagegen anzuführen wären, ein Müßiggänger, ein Zeitvergeuder, ein bequemer und arbeitsscheuer Mensch, von anderen Lastern noch gar nicht zu reden. Mag man mich darum verachten, mag man mich darum beneiden – niemand außer mir weiß, wie teuer ich meine Laster bezahle. Lassen wir dies also gut sein. Dagegen muß ich noch ein Wort über das »Zeit ist Geld« sagen, weil dies aufs engste mit der Geschichte meiner Reise zusammenhängt. Mein Widerwille gegen jenen Glaubenssatz der modernen Welt und gegen diese moderne Welt selbst, worunter ich die ganze Maschinenkultur verstehe, ist so groß, daß ich es, wo irgend möglich, verschmähe, mich den Gesetzen dieser Welt anzupassen. Während es zum Beispiel heute für eine Errungenschaft gilt, in einem Tage tausend und mehr Kilometer mit der Eisenbahn zurücklegen zu können, halte ich es für menschenunwürdig, länger als höchstens vier bis fünf Stunden in einem fahrenden Eisenbahnwagen auszuhalten, und brauche für eine Reise eine Woche, die ein andrer in einem Tag und einer Nacht zurücklegt. Für die Freunde, welche da und dort auf Reisen meine Gastgeber sind, ist dies zuweilen einigermaßen lästig, denn wenn es mir an einem Orte ein wenig wohl wird, pflege ich mich gegen die Weiterreise, gegen das Packen, gegen das ganze häßliche und ermüdende Getue auf Bahnhöfen und in Eisenbahnen oft mehrere Tage lang zu sträuben. Zu den Lebensregeln vieler Weisen gehört der Spruch: Lebe an jedem Tage so, als ob es dein letzter sei! Nun, und wer würde an seinem letzten Tage Ruß atmen, Koffer schleppen, sich durch Bahnsteigsperren klemmen und alle die lächerlichen Manipulationen ausführen mögen, die zu einer Bahnfahrt gehören? Das einzige Hübsche daran ist ja das wahllose Zusammengesperrtwerden mit anderen Menschen, und so hübsch dies auch sein kann, nach wenigen Stunden hat es meistens seinen Zauber verloren. Und sollte der Glücksfall eintreten und du solltest in einem Eisenbahnwagen neben den Menschen zu sitzen kommen, der dir zum Herzensfreund bestimmt ist und ohne den du nicht mehr leben magst, so müßtest du ein Stümper sein, wenn es dir nicht gelänge, ihn nach einer Weile zu überreden, daß er mit dir aussteigt und an irgendeiner hübschen Station dir nachsehen hilft, ob Gras und Blumen, blauer Himmel und Wolken noch vorhanden sind. Ich kann nicht leugnen, daß das Reisen auf meine Weise seinen Mann nicht sehr rasch vorwärts bringt und etwa auf der Stufe des Mittelalters steht; sollte ich mich jemals dazu entschließen, nach Berlin zu fahren (bisher gelang es mir, das zu vermeiden), so würde diese Reise mindestens zwölf Tage erfordern. Man muß schon völlig unmodern eingestellt sein, um meine Reisemethode gelten lassen und ihre großen Vorteile sehen zu können. Gewiß hat sie auch Nachteile, das Reisen auf meine Art ist zum Beispiel ziemlich kostspielig; dafür haben meine Reisen mir manches Vergnügen gebracht, das mit der modernen Methode völlig unerreichbar wäre. Und solche Vergnügungen lasse ich mich gerne etwas kosten, ich schätze sie außerordentlich hoch, wie ich denn überhaupt unausdenklich vergnügungssüchtig bin. Es ist das Schicksal mancher Menschen, daß sie das Leben im ganzen als Leid und Schmerz empfinden, nicht bloß in der Idee, in irgendeinem literarisch-ästhetischen Pessimismus, sondern körperlich und wirklich. Diese Menschen, zu denen ich leider zähle, haben mehr Talent zum Empfinden von Schmerzen als zum Empfinden von Lust, das Atmen und Schlafen, Essen und Verdauen und alle einfachsten animalischen Verrichtungen machen ihnen eher Schmerz und Mühe als Vergnügen. Da sie nun aber trotzdem, einem Willen der Natur folgend, den Trieb in sich fühlen, das Leben zu bejahen, die Schmerzen gut zu finden, die Flinte nicht ins Korn zu werfen, sind diese Menschen ungewöhnlich versessen auf alles, was ein wenig Freude machen, ein wenig erheitern, ein wenig beglücken und wärmen kann, und legen all diesen hübschen Dingen einen Wert bei, den sie für gewöhnliche, gesunde, normale und arbeitstüchtige Menschen nicht haben. Die Natur bringt auf diesem Wege sogar etwas höchst

Schönes und Kompliziertes zuwege, wovor fast alle Menschen einen gewissen Respekt haben: den Humor. In jenen leidenden Menschen nämlich, in jenen allzu weichen, allzu wenig smarten, allzu vergnügungssüchtigen, auf Trost erpichten Menschen entsteht gelegentlich das, was man Humor nennt, ein Kristall, der nur in tiefen und dauernden Schmerzen wächst und der immerhin zu den besseren Erzeugnissen der Menschheit gehört. Dieser Humor, von Leidenden dazu erfunden, damit sie das mühsame Leben dennoch ertragen und sogar lobpreisen können, wirkt nun auf jene anderen, Gesunden, nicht Leidenden drolligerweise stets wie das Gegenteil, wie der Ausbruch einer ganz unbändigen Lebenslust und Lustigkeit, die Gesunden klatschen sich dabei auf die Schenkel und wiehern und sind dann immer verdutzt und ein wenig beleidigt, wenn sie von Zeit zu Zeit Nachrichten lesen wie diese, daß der sehr beliebte und erfolgreiche Komiker X. sich unbegreiflicherweise in einem Anfall von Schwermut ertränkt habe.

Man halte mir zugute, daß ich so viel überflüssige Zeit habe und von einem ins andre gerate, ich werde sofort zu meinem Thema zurückfinden. Oder sollte dies nicht gelingen, so frage man sich: kann es denn von Wichtigkeit sein, was ein Mensch wie ich über eine Reise zu erzählen hat, ein Mensch, der die Eisenbahn ablehnt und dennoch benützt, der müßiggängerisch, auf beständiger Lauer nach Zerstreuungen und Spielereien, seine Tage vertrödelt, der sich zu einer Vorlesung einladen läßt, während er über diese Tätigkeit äußerst skeptisch denkt, und dem die Ablehnung und Verspottung des ernsten, wirklichen, modernen, tüchtigen, arbeitsamen Lebens zu einer Art von leidigem Sport geworden ist? Nein, es kann keineswegs von Belang sein, was solch ein Romantiker über eine Reise zu sagen hat, und wer dem Hanswurst nun schon einmal zuhören mag, der tue es auf die Gefahr hin, daß der Hanswurst, nach Art der Humoristen, sein angebliches Thema beständig wieder aus dem Auge verliert und mühsam suchen muß. Möglich, daß er eine Art von Humorist ist, und die Humoristen haben, sie mögen schreiben, was immer sie wollen, alle ihre Überschriften und Themata stets nur zum Vorwand, in Wahrheit haben sie alle und immer nur ein einziges Thema: die wunderliche Traurigkeit und, man erlaube den Ausdruck, Beschissenheit des Menschenlebens und das Staunen darüber, daß dies jämmerliche Leben trotzdem so schön und köstlich sein kann.

Mit meiner Reise stand es nun also so: der Sommer war gekommen, die Melodie meines augenblicklichen Lebens war nicht freundlicher geworden, Sorgen von außen bedrängten mich, und meine alten Lieblingströstungen und Vergnügungen, das Malen und das Bücherlesen, hatten viel von ihrem Glück verloren, denn ich litt an ständigen Augenschmerzen, die ich zwar schon aus früheren Jahren kannte, die aber in solcher Heftigkeit und Dauer mir neu waren. Ich spürte deutlich, daß ich wieder einmal am traurigen Ende einer Wunscherfüllung stand und daß mein Leben nun demnächst in irgendein neues Zeichen eintreten müsse, um wieder Sinn zu bekommen. In manchen Jahren und mit manchen Opfern war es mir nun geglückt, mir eine Einsiedelei zu schaffen, wo ich, verborgen und völlig allein, in meiner Klause sitzen und meinen Spielereien und Lastern nachgehen konnte, dem Denken und Phantasieren, dem Lesen, dem Malen, dem Weintrinken, dem Schreiben – und nun war dieser Wunsch erfüllt, war dieser Versuch ausgekostet, und die Augen schmerzten, und die Arbeit samt Lesen und Malen war kein Glück mehr, und aus diesem Zustand würde, wenn er erst unleidlich geworden sein und mich in seinem Feuer gar gebraten haben würde, irgendein neuer Zustand, ein neuer Lebensversuch, eine neue Inkarnation entstehen, wie ich das nun schon oft genug erlebt hatte. Es galt jetzt, Leiden auszukosten, die Augen zu schließen, sich klein zu machen und das Schicksal hinzunehmen. Von diesem Standpunkt aus war die Ulmer Reise, die also Anfang November stattfinden sollte, mir sehr willkommen. Brachte sie nichts andres, so brachte sie doch Abwechselung, neue Bilder, neue Menschen. Sie unterbrach das Alleinsein, sie zwang zu Teilnahme, zu Aufmerksamkeit, sie lenkte nach außen. Gut, sie war mir willkommen. Ich begann schon ein wenig zu planen. Vor dem Ulmer Vortrag wollte ich Blaubeuren besuchen, unbedingt vorher, ich wollte dorthin, zur schönen Lau und zu meinem Freunde, nicht etwa die Entmutigung und den Ekel mitbringen, die mich oft nach solch einer Vorlesung befielen. Also mußte ich Ende Oktober abreisen. Aber von meinem Tessiner Dorf bis nach Blaubeuren war es weit, ich mußte daran gehen, diese lange Reise in kleine angenehme Stücke zu zerschneiden, sie genießbar und verdaulich zu machen. Auf alle Fälle beschloß ich, in Zürich einen Aufenthalt zu nehmen, da hatte ich Freunde, und dort konnte ich, ohne den Schrecken des Hotellebens ausgesetzt zu sein, mich ein wenig am Stadtleben vergnügen, an Musik, gutem Wein, Kino, vielleicht Theater. Dagegen schien mir, je mehr ich rechnete, die Reise recht teuer zu werden, und das Honorar für die Ulmer Vorlesung war nicht für einen Mann berechnet, dem auf einer Reise Tage leicht zu Wochen werden. Darum hatte ich gar nichts dagegen, als plötzlich auch noch aus Augsburg die Einladung zu einer Vorlesung kam. Augsburg lag von Ulm, wie ich wußte, nur etwa zwei Eisenbahnstunden entfernt, da war also nicht einmal eine Zwischenstation notwendig. Ich setzte den Augsburger Vortrag zwei Tage später als den Ulmer an, und wir wurden einig. Jetzt war meine Reise schon um ein Stück wichtiger und wahrscheinlicher geworden, denn jetzt würde ich nicht nur Ulm und Augsburg, die alten schwäbischen Städte, sehen, sondern von Augsburg würde ich natürlich auch noch nach München gehen, wo ich so manche Freunde hatte und wo ich, vor vielen Jahren, lang vor dem Kriege, einst manche gute und frohe Tage gelebt hatte.

Vorläufig meldete ich mich bei meinen Freunden in Zürich, Ulm und München an, erfreute Antworten und Einladungen erhöhten meine Reiselust, auch schien es mir nach langem Überlegen nicht unmöglich, die Strecke Zürich–Blaubeuren in einem Tage abzufahren. Ich mußte dann allerdings in Zürich schon morgens um sieben oder acht Uhr abreisen, und das schien mir für Ende Oktober eine betrüblich frühe Stunde, aber ein kleines Opfer kann am Ende auch ich bringen; lächelnd schrieb ich mir die Züge heraus.

In den Sommermonaten ist mein Hauptberuf nicht die Literatur, sondern die Malerei, und so saß ich denn, soweit die Augen es erlaubten, recht fleißig an unsern schönen Waldrändern unter den Kastanien und aquarellierte die heiteren Tessiner Hügel und Dörfer, von denen ich mir schon vor zehn Jahren einbildete, daß kein Mensch auf der Erde sie so innig kenne wie ich, und die ich seither noch um so vieles genauer habe kennenlernen. Meine Bildermappe wurde dicker, und so sachte und unmerklich wie jedes Jahr wurden die Felder gelber, die Morgenfrühen kühler, die Abendberge violetter, und in mein Grün mußte ich immer mehr Gelb und Rot mischen. Plötzlich waren die Kornfelder leer, die rote Erde forderte Caput mortuum und Krapplack, und die Maisäcker waren golden und blaßblond, es war September geworden und die Klarheit der Nachsommertage begann. Zu keiner Zeit spüre ich wie in diesen Tagen den Ruf der Vergänglichkeit, zu keiner andern Zeit des Jahres trinke ich die Farben der Erde so in mich ein, so gierig zugleich und so sorgfältig, wie ein Zecher das letzte Glas eines edlen Jahrgangs. Auch hatte ich mit meiner Malerei, in der ich ein wenig ehrgeizig bin, einige kleine Erfolge gehabt, ich hatte einige Blätter verkauft, und eine deutsche Monatsschrift hatte darein gewilligt, daß der Aufsatz eines Schriftstellers über die Tessiner Landschaft von mir illustriert werde, ich hatte schon die Abzüge der Bildchen gesehen und hatte mein Malerhonorar bekommen und spielte gern mit dem Gedanken, daß es mir vielleicht doch noch glükken könnte, der Literatur ganz zu entrinnen und mich mit dem mir sympathischeren Handwerk des Malers durchzubringen. Es waren einige gute Tage. Als ich mir nun aber in der Freude die Augen überanstrengte und nicht mehr malen konnte, und der Herbst in vielen Zeichen spürbar zu werden begann, da kam Unruhe über mich. Wenn nun doch einmal mein jetziger Lebenszustand im Abbau begriffen war, wenn ich doch zum Wechsel, zu Änderung und Reise entschlossen war, dann hatte es keinen Sinn, damit noch lange zu warten. Gegen Ende September beschloß ich zu reisen.

Nun war plötzlich viel zu tun. Wenn ich schon jetzt reiste, war für eine Reihe von Wochen zu packen, und ich hatte nicht im Sinn, in all diesen Wochen das Leben eines Reisenden zu führen, sondern unterwegs hier und dort mich gemächlich aufzuhalten, vielleicht zu malen, vielleicht zu schreiben. Das Malzeug jedenfalls wollte ich mitnehmen und eine gute Auswahl von Büchern. Kleider und Wäsche mußten nachgesehen werden, Knöpfe angenäht, Risse geflickt, alle Kasten und Schubladen standen offen. Im letzten Augenblick zeigte sich, daß der schwarze Anzug, für die Vorträge, nicht mehr in gutem Zustande war, und es mußte auch für ihn allerlei geschehen. Und ehe noch der Koffer zu war, kam noch eine weitere Einladung zum Vorlesen, aus Nürnberg, mit der Aufforderung, direkt von Augsburg aus dorthin zu kommen. Das mußte überlegt werden. Nürnberg paßte ausgezeichnet in meine Reise, es war zu Ulm und Augsburg die kaum entbehrliche Ergänzung für einen gebildeten Städtereisenden. Also sagte ich zu, aber nicht für den Tag nach Augsburg, sondern für fünf Tage später. Diese Zeit würde wohl reichen, um die Entfernung zwischen Augsburg und Nürnberg in würdiger Weise zurückzulegen.

Und nun konnte ich reisen. Zürich war mein erstes Ziel. Von dort aus dachte ich in Baden an der Limmat vorzusprechen, wo die heilsamen Schwefelquellen sind, und dort einen Aufenthalt mit sanfter Kur zu nehmen. Aber als nun der große Koffer fort war und ich mit dem kleinen Gepäck reisefertig dastand, da strahlte die Septembersonne so mächtig und die Weinberge waren so voll reifer blauer Trauben, daß es eine Sünde gewesen wäre, jetzt in das kühle graue Zürich zu fahren. Daß ich auch nicht an die Weinlese gedacht hatte, die ich nun versäumen würde! Wieder auspacken und dableiben und nochmals in den überlebten Zustand zurückkriechen, dem ich doch entgehen wollte, daran war nicht zu denken. Aber in Locarno hatte ich Freunde, die ich eine ganze Weile nicht mehr gesehen hatte. Dort konnte ich mein neues Leben beginnen, ohne doch von der Sonne und den Trauben Abschied nehmen zu müssen. Ich fuhr nach Locarno.

Hier nahm mich ein Städtchen und eine Landschaft auf, wo ich vor Zeiten jedes kleine Bachtal und jede Feldmauer mit ihren Ritzen voll kleiner Farnkräuter und roter Steinnelken genau gekannt hatte, eine Landschaft, die mich auch während des Krieges dreimal für kurze Zeit beherbergt und getröstet und wieder froh und dankbar gemacht hatte. Die Locarnesen waren sehr guter Laune, es war soeben Locarno als Sitz für die Diplomatenkonferenz erwählt worden, und die Stadt ging daran, sich zu erneuern und zu schmücken. Es war eine Pracht, und wenn Herr Stresemann sich während seines Locarneser Aufenthalts auf eine der hübschen Bänke auf der Piazza gesetzt hat, so ist sein Anzug verdorben, sie wurden sämtlich frisch mit Ölfarbe gestrichen.

Ich hatte wohlgetan, Locarno war ein guter Anfang meiner Reise. Ich aß den Ministern noch einige Pfund von den süßen Trauben weg, an den besten sonnigsten Hängen von Brione und von Gordola, und genoß, nach langem Alleinsein, wieder das Vergnügen, bei Freunden zu sitzen, zu plaudern und mit Mund und Auge das auszudrücken, was von Augenblick zu Augenblick in einem lebt und was auf dem Umweg über die Feder immer sein Bestes und Eigentümlichstes verliert. In keiner Kunst bin ich so sehr Dilettant und Anfänger wie in der der Geselligkeit, aber keine entzückt mich mehr als sie in den seltenen Stunden, wo ich sie in wohlwollender Umgebung üben darf. Über dem Tamaro ging ein strahlender Tag um den andern auf, und wenn auch der wunderbare kleine Strandweg der Rivapiana den Zauber der Einsamkeit und Verlorenheit nicht mehr hat, den man dort vor zwanzig und selbst noch vor zehn Jahren genoß, so ist doch dieser Seewinkel noch immer eine freundliche Zuflucht. Und sobald man die Nähe der Hotels und die paar beliebtesten Ausflugstraßen hinter sich läßt und in das steile rauhe Bergland eindringt, dann ist man außerhalb Europas und außerhalb der Zeit, bei Stein und Busch, bei Eidechse und Schlange, in einem armen, aber warmen und freundlichen Land voll Farbe und kleiner zarter Reize und Lieblichkeiten. Hier habe ich in vergangenen Jahren die Eidechsen, Schmetterlinge und Heuschrecken studiert, den Skorpion und die Gottesanbeterin gefangen, meine ersten Malstudien gemacht und, von einem zugelaufenen Hunde namens Rio begleitet, heiße gute Tage auf weglosen Streifzügen hingebracht. Überall war noch ein Duft von damals erhalten, überall mahnten mich plötzlich kleine Erinnerungszeichen, eine Hausecke, ein Gartenzaun, an Stunden der Besinnung und Genesung, die ich in den schwersten Zeiten meines frühern Lebens dort gefunden hatte. Wirkliche Heimatgefühle habe ich, außer für meine Vaterstadt im Schwarzwald, mein Leben lang eigentlich nur für diese Gegend um Locarno gehabt, und etwas davon war noch in mir vorhanden und freute sich.

Vier oder fünf Tage blieb ich in Locarno, und schon am dritten Tag begann ich eine der Wohltaten des Reisens zu spüren, an die ich vorher gar nicht gedacht hatte. Ich bekam keine Post! All die Sorgen, die die Post bringt, all die Inanspruchnahmen, all die Zumutungen an meine Augen, an mein Herz, an meine Laune waren plötzlich nicht mehr da! Ich wußte ja zwar, daß es nur eine Schonzeit war und daß ich am nächsten Ort, wo ich mich etwas länger aufhielte, doch den ganzen Kram, wenigstens die Briefe, mir wieder müßte nachschicken lassen. Aber für heute, für heut und morgen und übermorgen kam nun eben keine Post, war ich ein Mensch, war ein Kind Gottes, meine Augen und Gedanken, meine Stunden und meine Stimmung gehörten mir, mir allein und meinen Freunden. Keine Redaktion, die mich mahnt, kein Verleger, der Korrekturen haben will, kein Autographensammler, kein junger Dichter, kein Gymnasiast mit der Bitte um Rat bei seinem Aufsatz, auch keine Droh- und Schmähbriefe irgendwelcher germanischer Berserkervereine, nichts von alledem, nichts als Stille, als

Ruhe! Mein Gott, wenn man ein paar Tage ohne Post
ist, dann sieht man erst, was für einen Haufen von
Wust und unverdaulichem Ballast man sein Leben
lang Tag für Tag herunterschlucken mußte. Es ist ge-
rade so, wie wenn man eine Zeitlang keine Zeitung
liest (ich halte es schon seit Jahren so) und sich dann
beschämt darüber klarwird, mit was für Lumpereien
man sonst täglich seine Morgenstunde vertut und sich
Geist und Herz verdirbt, vom Leitartikel bis zum
Kurszettel. Und wie angenehm, durch das Ausbleiben
der Post in alledem unterstützt zu werden, woran zu
denken, was zu vergessen, was mir einzubilden gerade
in meiner Laune lag! Vor allem: nicht beständig an die
Literatur erinnert zu werden, daran, daß man einem
Stand und Berufe angehörte, einem suspekten und
wenig anständigen, infolgedessen auch wenig ge-
achteten Beruf, daran, daß man in einem unbegreifli-
chen Jugendwahn einst den Fehler begangen hatte,
aus einem Talent seinen Beruf zu machen! Nun, diese
Schonzeit, das kann ich wohl sagen, genoß ich mit Be-
wußtsein und Bedacht, spielte auch oft mit dem Ge-
danken, ob es nicht möglich wäre, sich diesen Zustand
dauernd zu verschaffen, sich durch irgendwelche Schi-
kanen unerreichbar und adresselos zu machen und je-
nes Glück wieder zu erreichen, das jeder arme Vogel
unterm Himmel, jeder arme Wurm in der Erde, jeder
Schusterlehrling ahnungslos genießt: nicht gekannt zu
sein, nicht ein Opfer des idiotischen Persönlichkeits-
kultus zu sein, nicht in jener dreckigen, verlogenen
und erstickenden Luft der Öffentlichkeit leben zu
müssen! Ach, oft schon hatte ich es versucht, mich die-
sem Schwindel zu entziehen, und hatte jedesmal er-

fahren müssen, daß die Welt unerbittlich ist, daß sie vom Dichter nicht Werke und Gedanken will, sondern die Adresse und die Persönlichkeit, um sie zu verehren, wieder wegzuschmeißen, zu schmücken und wieder auszuziehen, zu genießen und wieder auf sie zu spucken, wie es ein unartiges Mädel mit seiner Puppe macht. Einmal, mit Hilfe eines Pseudonymes, war es mir nahezu ein Jahr lang gelungen, meine Gedanken und Phantasien unter fremdem Namen auszusprechen, unbelästigt von Ruhm und Anfeindung, unbeirrt von Abstempelung – aber dann war es aus, dann wurde ich verraten, die Journalisten kamen dahinter, es wurde mir der Revolver vor die Brust gesetzt, und ich mußte bekennen. Es war aus mit der kurzen Freude, und seither war ich wieder der bekannte Literat Hesse, und das einzige, was ich tun konnte, um mich zu rächen, bestand darin, daß ich mir nun Mühe gab, nur noch solche Sachen zu schreiben, die bloß von sehr wenigen goutiert werden können, so daß ich seither immerhin ein etwas ruhigeres Leben hatte.

Ganz erspart indessen blieb die Erinnerung an die Literatur mir dennoch nicht. Ich wurde von einem Bücherleser, dessen Bekanntschaft ich machte, mit Begeisterung als der Verfasser des »Peter Camenzind« begrüßt. Da stand ich nun und wurde rot, was sollte ich dem Mann sagen? Sollte ich ihm sagen, daß ich mich jenes Buches nicht mehr erinnern könne, es seit fünfzehn Jahren nie mehr gelesen habe, es in meinen Erinnerungen häufig mit dem Trompeter von Säckingen verwechsle? Daß übrigens nicht das Buch selbst es sei, das ich verabscheue, sondern bloß die Wirkung, die es in meinem Leben gehabt, daß es mich nämlich durch seinen ganz und gar unerwarteten Erfolg für immer in die Literatur hineingetrieben hatte, aus der wieder herauszukommen mir trotz verzweifelten Bemühens nicht mehr gelang? Er hätte nichts von dem allem verstanden, er hätte (ich kannte das aus übler Erfahrung) meine Aversion gegen meinen eigenen Literatennamen als Tuerei und als Kokettieren mit Bescheidenheit aufgefaßt. Mißverstanden hätte er mich unter allen Umständen. Ich sagte also nichts, wurde ein wenig rot und drückte mich, sobald ich konnte.

Als ich dann weiterreiste, entschlossen, jetzt die Trennung von Sommer und Süden energisch zu vollziehen und bis Zürich ohne Unterbrechung durchzufahren, bekam ich noch eine andere Reiseerrungenschaft angenehm zu spüren, nämlich daß man, sobald man auf Reise eingestellt ist, so leicht Abschied nimmt. Wenn ich meine Locarneser Freunde zu anderen Malen verließ, um nach Hause zu fahren, so geschah es immer mit dem Gefühl, nun werde es wieder lange dauern, bis man sich wiedersehe, und der Abschied fiel mir schwer und beklemmte mich. Ich bin auch hierin ein unmoderner Mensch, daß ich Gefühle und Sentimentalitäten nicht verwerfe und hasse, sondern mich frage: Womit leben wir denn eigentlich, wo spüren wir das Leben, wenn nicht in unsren Gefühlen? Was hilft mir ein voller Geldsack, ein gutes Bankkonto, eine flotte Bügelfalte und ein hübsches Mädchen, wenn ich dabei nichts fühle, wenn meine Seele sich nicht rührt? Nein, so sehr ich Sentimentalitäten an anderen hassen kann, an mir selbst liebe und verwöhne ich sie eher ein wenig. Das Gefühl, die Zartheit und leichte Erregbarkeit der seelischen Schwingungen, das ist ja meine Mitgift, daraus muß ich mein Leben bestreiten. Wäre ich auf meine Muskelkraft angewiesen und ein Ringer oder Boxer geworden, so würde kein Mensch von mir verlangen, ich solle Muskelkraft für etwas Untergeordnetes ansehen. Wäre ich stark im Kopfrechnen und wäre Leiter eines großen Bureaus, so würde kein Mensch mir zumuten, die Stärke im Kopfrechnen als eine Minderwertigkeit zu verachten. Vom Dichter aber verlangt die jüngste Zeit, und manche junge Dichter verlangen es selber von sich, daß sie gerade das, was den Dichter ausmacht, die Erregbarkeit der Seele, die Fähigkeit sich zu verlieben, die Fähigkeit zu lieben und zu glühen, sich hinzugeben und in der Welt der Gefühle das Unerhörte und Übernormale zu erleben – daß sie gerade diese ihre Stärke hassen und sich ihrer schämen und sich gegen alles wehren sollen, was »sentimental« heißen könnte. Nun ja, mögen sie es tun; ich mache nicht mit, mir sind meine Gefühle tausendmal lieber als alle Schneidigkeit der Welt, und sie allein haben mich davor bewahrt, in den Kriegsjahren die Sentimentalität der Schneidigen mitzumachen und für die Schießerei zu schwärmen.

Nun, ich reiste also leichten Herzens weg. So ein Abschied, wenn man nicht heimwärts in seine Klause, sondern in die Welt hineinfährt, hat nichts Bedrückendes; man fühlt sich eher den Dableibenden überlegen, man verspricht ohne Hemmungen, bald wiederzukehren, man glaubt auch daran, man ist ja ohnehin unterwegs und im Schwimmen. Diese Abschiedsleichtigkeit war das letzte, was mir von Locarno nachklang, als ich durch den Gotthard fuhr. Und ich beschloß, mir auch für die Züricher Tage keine Post nachschicken, sondern sie erst nach Baden kommen zu lassen.

Viele Stationen liegen an dieser Bahn, die in meinem Leben eine Rolle gespielt haben: Göschenen, Flüelen, Zug und namentlich Brunnen, wo diesen Sommer Othmar Schoeck seine »Penthesilea« fertigkomponiert hat – ein Nachmittag dort in seinem Stübchen am Klavier ist mir in strahlender Erinnerung. An alledem fuhr ich vorüber und ließ mich in Zürich willig von der Stadt einschlucken. Das heißt, Zürich ist auch so ein Wort, das für jeden etwas andres bedeuten kann. Für mich bedeutet es seit Jahren etwas Asiatisches, ich habe dort Freunde, die viele Jahre in Siam gelebt haben, und in ihrem Hause zwischen hundert Erinnerungen an Indien, an Meer und Ferne stieg ich ab, empfangen vom Duft von Reis und Curry, angestrahlt vom goldnen siamesischen Tempelschrank, angeblickt vom stillen ehernen Buddha. Aus dieser exotischen Höhle je und je in die Stadt hinauszustreifen, ins Moderne, Spielerische, Elegante, zu Musik, Ausstellung und Theater, auch in das Kino, war mir für einige Tage wieder ein reines Vergnügen.

Zur Stadt habe ich, auch heute noch, ein völlig ländliches und kindliches Verhältnis. Ich finde schwer einen Überblick und lasse mich überall von Einzelheiten einfangen und unterhalten, betrachte in der Trambahn die vielen Gesichter, lese die Plakate, bewundere einen Monteur oder Lehrling, der auf dem Velo mit den Händen in den Taschen durch belebte Gassen fährt, suche das Lied zu erkennen, das er pfeift, betrachte lang den Schutzmann, der im Gewühl einer Straßenkreuzung steht und mit großer, weiß beschuhter Hand all die irrsinnigen Fahrzeuge dirigiert, lasse mich von den Ankündigungen der Kinotheater anlocken, sehe ein Schaufenster ums andere an und wundere mich über die Menge von Büchern, von Spielsachen, von Pelzwerk, von Zigarren und andern schönen Sachen, gerate dann in Seitengassen, zu Obst- und Gemüseläden, Trödlern, kleinen trüben Auslagen mit verstaubten Bogen voll alter Briefmarken, komme dann wieder zu einer Verkehrsader und gerate zwischen den Autos in Lebensgefahr, so daß ich, ermüdet, bald froh bin, irgendwo mich niedersetzen zu können, und zwar nicht in einem Café oder einem modernen Restaurant, sondern irgendwo im Fischer- oder Trödlerviertel in einer kleinen räucherigen Kneipe, wo Briefträger und Dienstmänner in Blusen vor kleinen Schoppen mit Weißwein sitzen und Brezeln oder Würste oder gekochte Eier essen, die in Mengen auf allen Tischen bereit liegen. Sei es Mailand oder Zürich, München oder Genua, an solchen Orten pflege ich meistens zu landen, in etwas trüben und moderigen Seitengassen, in Kneipchen, deren Schmuck in einem Glas mit zwei Goldfischen oder einem Papierblumenstrauß besteht und an deren Wand die vergilbte Photographie Napoleons des Dritten und eines vorstädtischen Athletenklubs hängt und wo irgend etwas mich an die ersten verbotenen Kneipenbesuche in der Schülerzeit erinnert. Aus dicken fußlosen Gläsern trinkt man da weißen Landwein, der gut ist, und ißt dazu von jenen Sachen, die auf den Tischen herumliegen, komisches Backwerk mit Kümmel bestreut, lange Bierstengel, kleine dicke Würste. Man hört an diesen Orten die Sprache des Landes und Volkes rein und kraftvoll reden und sieht den Leuten an ihren Kleidern und Monturen an, wes Standes sie sind. Ein Chauffeur im Pelzmantel tritt ein, trinkt stehend am Büfett einen Schnaps und spielt den Herrn, gibt dem Wirt einen Schlag auf den Rücken und dem Hund einen Tritt, wischt sich das Maul ab und knallt die Tür hinter sich zu. Eine blasse Frau in schäbigen Kleidern kommt herein, steht eine Weile demütig bei der Türe, pirscht sich vorsichtig an die Wirtin heran, zeigt unter der Schürze eine leere Flasche, beginnt flüsternde Verhandlungen, wird hinausgewiesen. Ein junger Mensch steckt den Kopf zur Tür herein und schreit: »Ist der Robert da?« Der Wirt schüttelt den Kopf: »Der ist ja heute im Siebenundfünfzig.« Ein Dienstmann kommt, beladen mit einem roten Plüschpolsterstuhl und einer Zimmerpalme im Topf. Er lehnt den Stuhl gegen eine Wand, stellt die Palme auf einen Tisch, setzt sich darunter und trinkt einen Zweier Neuen. Aus Gründen, die zu erforschen ich bisher unterließ, sind alle diese Vorgänge mir interessant, ich kann ihnen lange zusehen, einen Zweier lang, einen Dreier lang.

Mein wenig geläuterter Geschmack erlaubt mir auch den Besuch der Kinos, wo ich zu den aufrichtigsten und, wie ich mir einbilde, verständnisvollsten Verehrern Chaplins gehöre. Auch den Italiener Macista liebe ich sehr, während ich die großen Prachtfilme mit Kostümen historischer Fürstenhöfe meide: sie wollen belehren.

Ich war auch in einer internationalen Kunstausstellung und freute mich darüber, wie in all dem Wirrwarr die neuern Bilder von Karl Hofer so schön und kräftig wirkten. Daran anschließend saß ich mit einigen Malern und Literaten in einem Café und erfuhr in kurzer

Zeit alles Neueste aus der Welt der Kunst und war nun auch auf diesem Gebiet für eine Weile auf der Höhe.

Von jedem dieser Ausflüge kehrte ich zufrieden nach Siam zurück und ruhte unterm Buddha zwischen den chinesischen Schalen aus. Dies ist für einen Einsiedler und Abseitshocker doch das Schönste am Reisen: wieder Freunde sehen, wieder Gast und von Wärme und Wohlwollen umgeben sein, mit jemand plaudern, mit jemand ernst reden, mit jemand lachen, jemandem sein Glas zum Anstoßen hinhalten. Auf die Dauer ist es mir nie geglückt, mich einem Kreise anzuschließen, irgendwo zugehörig zu sein und mitzuleben, irgendeine Art von ständiger Symbiose mit andern zu erreichen. Dafür aber habe ich immer das Glück gehabt, für kürzere Zwischenzeiten liebe Freunde zu finden, und genieße dabei das Vergnügen, offen und ohne Vorsicht und Politik reden und mich geben zu können. Daß meine Freunde, auch solche, die mich aus recht nahem Umgang und in all meinen Torheiten und Sonderbarkeiten kennen, mir dennoch treu bleiben, ist die einzige triftige Rechtfertigung, die ich für mein etwas komisches Leben anzuführen wüßte.

Mit diesen Züricher Tagen war denn nun meine Reise für eine Weile beendet, in Baden im Verenahof ließ ich mich zu längerem Aufenthalt nieder, richtete mich mit Schreib- und Maltisch zur Arbeit ein und fand denn auch richtig hier die Post liegen, der ich zehn Tage lang entronnen war. Nun mußte ich wieder alle diese Postkarten schreiben: »Sehr geehrter Herr! Für Ihre freundliche Einladung zur Mitarbeit danke ich Ihnen bestens, aber leider – –.« Auch Einladungen zu Vorlesungen waren wieder da, sogar eine, die mich interessierte, man bat um einen Vortrag über die Hinneigung des modernen Europa zum Osten, zu Indien und China. Es hätte sich darüber dies und jenes sagen lassen, und wenn der Ort nicht so weit in Norddeutschland oben läge und wenn ich überhaupt Talent für Vorträge hätte, wäre es mir eigentlich ein Vergnügen gewesen, das Symptom dieser Asienliebe in seiner so einfachen Struktur und Bedeutung aufzuzeigen. Aber Vorträge halten war nicht meine Sache, ich hatte es ein einziges Mal versucht, und es war auch zur Not gegangen, aber ich hatte an jenem Tag mehr Lampenfieber, als bei allen feierlichen und wichtigen Anlässen meines ganzen übrigen Lebens. Nein, danke. »Sehr geehrte Herren, mit großem Interesse habe ich Ihre Aufforderung zu einem Vortrag über West und Ost gelesen, aber zu meinem Bedauern –.«

Auch mehrere Manuskripte von jungen Dichtern waren gekommen, und anfänglich hatte ich, wenn auch mit Seufzen, mir vorgenommen, sie in Gottes Namen durchzusehen. Aber nachdem ich am zweiten Tag mit dem Postlesen fertig war, war ich auch mit den Augen am Ende und saß mit wütenden Schmerzen und kühlen Umschlägen da. Außerdem war der Brief, mit dem einer dieser Dichter sein Manuskript begleitete, mir äußerst unsympathisch, er war von einer so kriecherischen und unechten Verehrung und Schmeichelei getränkt, daß der Verzicht mir leicht wurde. Ich schrieb immerhin jedem der drei Dichter einige höfliche Zeilen, daß ich, augenleidend und ohne Sekretär, leider ihre Manuskripte unmöglich lesen könne. Dann adressierte und frankierte ich die dicken Manuskripte und fügte mich darein, die zehntägige Ruhe als erfolglos erkennen und die Augen von neuem peinlich schonen zu müssen. Desto eifriger begab ich mich an die Badener Kur. Diese habe ich schon an anderem Ort beschrieben und halte eine Wiederholung für unnütz. Manche gute Stunde verbrachte ich mit meinem Arzt, und an manchem Abend fragte mich der Wirt, zu dessen Freunden ich mich rechnen darf: »Herr Hesse, wie wäre es mit einer Flasche Pommard?« Auch erhielt ich nicht selten Besuch. Mein alter Freund Pistorius, den ich seit Jahren kaum mehr gesehen hatte, tauchte auf und hatte sich inzwischen nicht weniger gehäutet und gewandelt als ich, dankbar ging ich wieder mit ihm durch seine dunkel glühende, von heiligen Symbolen erfüllte Seelenwelt und zeigte ihm, was inzwischen aus mir und aus den Keimen geworden war, über denen wir einst gebrütet. Auch Louis der Grausame erschien eines Tages, flüchtig, mit der Reisetasche in der Hand, nur für Stunden zu halten. Er wollte nach den Balearen reisen und dort malen, lud mich sehr ein, mitzukommen, ich habe seitdem nichts mehr von ihm gehört.

Viel schneller, als ich gedacht, ging die Badener Ruhepause zu Ende; auch diesmal, wie immer, hatte ich an Lektüre und Arbeitsmateriel viel zu viel mitgenommen. Nun ging es wieder ans Kofferpacken. All die Bücher und all die gebrauchte Wäsche mit nach Deutschland zu schleppen, schien mir unnötig, ich packte alles Entbehrliche in den großen Koffer, mit Stöhnen, schickte ihn weg, und als ich dann am letzten Nachmittag die Handtasche packen wollte, ging das übrige Zeug nicht hinein. Ich mußte den schwarzen Anzug in eine Pappschachtel stopfen und einen Bindfaden darum binden. Überhaupt, ich hatte schon die letzten Nächte elend geschlafen, es behagte mir gar nicht, daß das Reisen nun wieder losgehen sollte. Morgen früh, um sieben oder gegen acht Uhr, mußte ich ab- und bis Blaubeuren durchreisen, so hatte ich meinem dortigen Freund gemeldet. Jetzt, wo ich mit meiner verfluchten Schachtel dastand und auch noch entdeckte, daß ich einiges für die Weiterreise Unentbehrliche doch mit in den großen Koffer gestoßen hatte, jetzt mußte ich es nochmals kosten, was es heißt, sich leichtsinnig auf Versprechungen einzulassen. Nun sollte ich morgen früh um sieben in Zürich sein, war aber noch in Baden und hatte vom Packen so genug, daß ich am liebsten gleich wieder für drei Wochen ins Schwefelwasser gestiegen wäre. Dann sollte ich morgen, nach einer Nacht ohne Schlaf (denn wie konnte ich ein Veronal nehmen, wenn ich doch schon beim Hahnenschrei wieder auf mußte), die ganze Strecke bis Blaubeuren durchfahren, mit Umsteigen in Tuttlingen, kaputt und verdrießlich in Blaubeuren ankommen, und alles nur, um zwei Tage nachher in Ulm unbekannten Leuten meine Gedichte vorzusingen, und dann in Augsburg, und dann in Nürnberg! Ich war wohl irrsinnig gewesen, auf diese Pläne einzugehen! Nein, jetzt fuhr ich erst einmal nach Zürich, um dort zu übernachten, und dort wollte ich die dumme Sache mit meinen Freunden besprechen und dann drei hübsche Telegramme verfassen, daß der Herr Tenor leider wegen heftiger Erkältung nicht kommen könne. Na, Gott sei Dank.

Ich fuhr nach Zürich, hatte die Frau meines Freundes an die Bahn gebeten und saß, auf sie wartend, mit schlechten Gefühlen in der Bahnhofswirtschaft bei einem Dreier Mâcon, beladen mit der Pappschachtel, beladen mit meinen Reisesorgen. Es war kühl, ich war erkältet und heiser, bedauerte, nicht in Baden geblieben zu sein, bedauerte, nicht längst wieder ins Tessin heimgefahren zu sein. Nun, Alice kam, wir fuhren nach Hause, höhnisch blickte der große Buddha auf mich herab, während ich meine Nöte und Bedenken darlegte. Die Freundin war dafür, daß ich reisen solle; es würde mich nachher reuen, wenn ich im Unmut resigniert hätte. Unmut ist gut, dachte ich, ihr normaleren Leute ahnet ja nicht, wie es in unsereinem aussieht, wenn er nicht geschlafen hat, wenn er anderntags wahnsinnig früh aufstehen, lange Stunden in einer Bahn sitzen, Programme abwickeln und Pflichten erfüllen soll. Ich wehrte mich, und als der Dialog schärfer wurde, weigerte ich mich energisch, morgen früh aufzustehen und zu reisen. Gut, man gab nach. Ich sollte also morgen früh ausschlafen, dann wäre es immer noch Zeit zum Telegraphieren.

Erlöst atmete ich auf, die Nacht und der Morgen war gewonnen. Der Freund kam nach Hause, wir aßen, wir tranken ein Glas Wein, ich gönnte mir ein Veronal und ließ am andern Morgen erst zu einer vernünftigen Zeit, zwischen zehn und elf Uhr, wieder von mir hören. Statt der Pappschachtel bekam ich einen kleinen bequemen Koffer geborgt, mit schönen Schildern aus Siam, Singapore und Java drauf, und nach Tische fuhr ich, mit meinem Schicksal halb versöhnt, der deutschen Grenze entgegen. Ich sah nun nachträglich wohl, daß es von vornherein fehlerhaft gewesen war, die Blaubeurener Strecke in einem Strich abzufahren und den dummen Heroismus mit dem frühen Morgenzug zu wagen. Statt nach Blaubeuren fuhr ich jetzt bloß nach Tuttlingen, um dort zu übernachten und in Gottes Namen einen Tag später als verabredet zu meinem Freund und zum Klötzle Blei zu kommen. Ergeben saß ich in meinem Abteil, mir gegenüber schlief, die Decke über den Knien, ein feister Geschäftsmann, vor den Fenstern lief eine mir aus meinen Bodenseejahren wohlbekannte Landschaft vorüber, der Rhein und der Rheinfall erschien, es erschien der Zollmann und der Mann, der sich für die Pässe interessiert, die Hegauberge tauchten auf, und alte Zeiten, in denen diese Landschaft meine Heimat gewesen war, flogen herauf. Es kam die Station Singen, und mir fiel plötzlich ein, daß es nicht recht von mir sei, hier durchzufahren, wo ich aus der alten Zeit noch Freunde sitzen hatte. Aber erklärlich war es mir wohl, daß ich an Singen und an jene Freunde beim Aufstellen meiner Reisepläne nicht gedacht hatte, denn ich hatte gute Gründe, an meine Bodenseejahre nicht gerne zu denken. Indessen ich in Singen das Fenster öffnete und auf den Bahnsteig hinaussah, stellte ein Uniformierter sich höflich auf und meldete, der Zug habe vierzig Minuten Aufenthalt. Gut, ich stieg aus, telephonierte in die Stadt, meine Freunde kamen gelaufen, Mann, Frau und Sohn, ein Student, den ich zuletzt als kleines Büblein gesehen hatte. Und so kam denn auch dies in Ordnung, und als die vierzig Minuten um waren, konnte ich mit gutem Gewissen weiterfahren. Ehe wir uns Tuttlingen näherten, wurde es Nacht, und beim Anzünden des Lichtes wachte der Geschäftsmann auf, ein Sachse, und fing an zu sprechen. Er war nicht zufrieden, er kam aus Italien, in Geschäften, und in Italien und in der Schweiz war manches zu rügen, und überhaupt – –. »Sehen Se«, sagte er, »mir können Se nichts vormachen, ich weiß Bescheid, jawohl. Das Leben ist ein aufgelegter Schwindel, das ist es, da können Se sagen, was Se wollen.« Ich war vollkommen einverstanden, was den Inhalt seiner Rede betraf, nur die Tonart billigte ich nicht, ich verhielt mich schweigsam und war froh, als wir in Tuttlingen waren. Nun war ich in Schwaben, in meiner Heimat, und sollte wieder einmal in einem schwäbischen Städtchen übernachten. Es war ein Hoteldiener da, mit dem ging ich und kam in ein gutes altes Gasthaus, und kurz ehe ich ankam und eintrat, ging über der breiten schnurgeraden Hauptstraße der glänzende Vollmond auf. Der also empfing mich hier wieder, das konnte mir lieb sein. Ich fand ein solides, altes, würdiges Gasthaus und ein bequemes Zimmer, steckte die stets brennenden Augen ein wenig ins kalte Wasser und bestellte mir nun eine Hühnersuppe zum Nachtessen. Die war gut, und weil ich Tuttlingen noch nicht kannte, schien es mir nun gut, vor dem Schlafen noch einen Gang durch die Stadt zu tun. Ich schlug den Mantelkragen hoch, steckte eine Zigarre an und schlenderte los. Die Hauptstraße kannte ich schon, und sie schien mir dem Ideal eines abendlichen Schwabenstädtchens nicht sehr nahezukommen, darum schlug ich mich in die erste Seitengasse, stolperte über einiges Gerümpel und einen niedern rasigen Abhang hinab, und plötzlich war der Mond wieder da und spiegelte sich in einem wunderbaren stillen, nächtigen Gewässer, und spitze Giebel stachen in den bleichen Himmel, weit und breit kein Mensch, hinter einem Hofzaun ein bellender Hund. Langsam ging ich gaßauf und gaßab, über eine Brücke und wieder zurück, kühl duftete das Wasser herauf, die spitzen Giebel waren wie in meinem Heimatstädtchen, und während ich der Heimat dachte und meines törichten Lebens und einsamen Alterns, kam zwischen Dächerschluchten wieder der Mond herauf, schon weiß und klein, und in diesem Augenblick besuchte mich eine Erinnerung aus der Knabenzeit. Es fiel mir der Augenblick wieder ein, der mich vielleicht zum Dichter hat werden lassen (obwohl ich auch vorher schon Verse gemacht hatte). Dies war so: in unserm Schullesebuch, das wir als zwölfjährige Lateinschüler hatten, standen die üblichen Gedichte und Geschichten, die Anekdoten von Friedrich dem Großen und Eberhard im Barte, und alles las ich gern, aber mitten zwischen diesen Sachen stand etwas anderes, etwas Wunderbares, ganz und gar Verzaubertes, das Schönste, was mir je im Leben begegnet war. Es war ein Gedicht von Hölderlin, das Fragment »Die Nacht«. Oh, diese wenigen Verse, wie oft habe ich sie damals gelesen, und wie wunderbar und heimlich Glut und auch Bangigkeit weckend war dies Gefühl: das ist Dichtung! Das ist ein Dichter! Wie klang da, für mein Ohr zum erstenmal, die Sprache meiner Mutter und meines Vaters so tief, so heilig, so gewaltig, wie schlug aus diesen unglaublichen Versen, die für mich Knaben ohne eigentlichen Inhalt waren, die Magie des Sehertums, das Geheimnis der Dichtung mir entgegen!

– die Nacht kommt,
Voll mit Sternen, und wohl wenig bekümmert um uns

Glänzt die Erstaunende dort, die Fremdlingin unter
den Menschen,
Über Gebirgeshöhn traurig und prächtig herauf.

Nie mehr, so viel und so begeistert ich auch als Jüngling las, haben Dichterworte mich so völlig bezaubert, wie diese damals den Knaben. Und später, als Zwanzigjähriger, als ich zum erstenmal im Zarathustra las und ähnlich bezaubert war, fiel alsbald jenes Hölderlingedicht im Lesebuch und jenes erste Erstaunen meiner Knabenseele vor der Kunst mir wieder ein.

So war also doch diese Schwabenreise, geboren aus dunklen Erinnerungen an die schöne Lau und den Dichter Mörike, mir bestimmt gewesen, um mich zu Klängen meiner Frühzeit zurückzuführen und mir zu sagen, wie tief verwurzelt und unentrinnbar alles ist. Und wenn die Reise mir nichts mehr bringen würde als Enttäuschungen – dieser Augenblick unterm Tuttlinger Mond mit dem unversehens auferstandenen Hölderlinwort war Ergebnis genug.

Unsereiner ist mit wenig zufrieden, und doch wieder bloß mit dem Höchsten. Zwischen Schmerzen und Verzweiflung und würgendem Lebensekel immer wieder für einen heiligen Augenblick auf die Frage nach dem Sinn dieses so schwer erträglichen Lebens ein Ja zu hören, werde es auch im nächsten Augenblick schon wieder von der trüben Flut überspült, das genügt uns, davon leben wir wieder eine ganze Weile weiter, und leben nicht nur, ertragen das Leben nicht nur, sondern lieben und preisen es.

Aus dem Hölderlin-Mond und den schlafenden Gassen am Wasser kam ich in mein Gasthaus zurück, ergriffen und auch getröstet von der unverhofften Begegnung mit einem der Heiligtümer meiner Jugend. Lange klangen die Verse mir in die Nacht hinein nach, lange hörte ich noch die brunnentiefe Stimme aus meiner Jugend her. Ach, wohin hatte diese Stimme mich nicht verlockt, wie weit hatte sie, in den vielen Jahren, mich von allem weg geführt, was den andern, den nicht Gezeichneten, wert und wichtig ist! Wieviel tiefe und nicht mitteilbare, einsame Seligkeiten hatte sie mir gebracht und wie tief mich in Leid und Zwiespalt verwirrt, die Zauberstimme, das gefährliche Lied von einem höhern Leben, einem edlern Menschentum, als es uns angeboren ward! In Streit und Zerfall mit aller Wirklichkeit hatte sie mich geführt, in eiskalte, nicht mehr zu heilende Einsamkeit, in scheußliche Abgründe der Selbstverachtung, in göttliche Verstiegenheiten der Frömmigkeit. Und wenn ich heute, unterm steigenden Druck meines Lebens, mich zum Humor flüchte und die sogenannte Wirklichkeit von der Narrenseite betrachte, sei es auch nur für die kurze Stunde einer Zwischenstufe, so ist auch das nichts als ein Ja zu jener heiligen Stimme und ein Versuch, den Abgrund zwischen ihr und der Wirklichkeit, den Abgrund zwischen Ideal und Erfahrung, für Augenblicke mit gebrechlichen fliegenden Brücken zu überspannen. Tragik und Humor sind ja keine Gegensätze oder sind vielmehr nur darum Gegensätze, weil die eine den andern so unerbittlich fordert.

Wenn ich am andern Morgen nach spätem Frühstück das Städtchen Tuttlingen merklich entzaubert fand, so lag das nicht bloß an mir und an meiner Unfähigkeit, in den Morgenstunden der Welt irgend etwas abzugewinnen, sondern es wird mir von soliden Zeugen bestätigt, daß Tuttlingen im ganzen eher eine nüchterne Stadt genannt werden kann. Mich focht dies nicht an, ich ging dennoch den Weg an jenes Wasser und zu jenen Giebeln wieder, fand alles an seinem Ort, nur nicht den Mond und nicht die Gnade jener Nachtstunde. So war ich also gerade im rechten Augenblick hierher gekommen, in der einen, unendlich seltenen, begnadeten Stunde, wo Tuttlingen eine geheimnisvolle Märchenstadt gewesen war. Nun war es leicht, den Ort zu verlassen; ich kaufte mir ein Butterbrot, fand meinen Siamesenkoffer an der Bahn und stieg zufrieden in den Zug, einen überfüllten Sonntagszug, der in das schöne Donautal hineinfuhr. Bei hellem Sonnenschein sah ich Beuron und sah Werenwag liegen, war voll Begierde, auszusteigen und diese verlokkenden Orte näher zu beschleichen, wußte aber den Freund in Blaubeuren, schon durch mein gestriges Ausbleiben enttäuscht, heftig auf mich warten und tat mir Zwang an. Der Zug fuhr in tiefen Nebel hinein, bei irgendeiner Talbiegung war plötzlich Blau und Sonne abhanden gekommen, kaum konnte ich die Ortsnamen an den Bahnhöfen entziffern. Grau und neblig war es auch im Blautal, wo ich noch am frühen Nachmittag ankam. Da kam, um eine Minute verspätet, mein lieber Freund auf der breiten nüchternen Straße dahergelaufen, die in das kleine Blautal hinein und zu den Geheimnissen Blaubeurens führt, von denen sie den Ankommenden nichts ahnen läßt. Da standen wir und sahen einander in die Gesichter, die mit den Jahren nicht hübscher geworden waren, und ich glaube, wir hatten beide eine tiefe und aufrichtige Freude. Für mich wenigstens, der ich seit zwanzig Jahren stets fern von meiner Jugendheimat lebe, hat es etwas außerordentlich Angenehmes und Erwärmendes, je und je einmal zu sehen, daß es in der Tat noch einige Menschen gibt, die mit mir Knaben gewesen sind, mich bei meinen Schülerspitznamen gerufen haben, und denen ich nichts vormachen kann. Und wie rührend und lächerlich ist das jedesmal festzustellen, daß die Menschen, die man in der frühen Jugend gekannt hat, sich gar nicht verändern! So war es mit meinem Freunde. Unsre Freundschaft stammte aus der Zeit, da wir vierzehnjährig waren, und mit seinem damaligen Knabengesicht lebte er in meiner Vorstellung, und wenn er jetzt mit dem besorgten Schritt eines Professors einhergeht und einen großen Schnurrbart und etwas müde Wangen und beginnendes Grau in den Haaren hat, so kann dies alles mich nicht täuschen noch mir imponieren, er wird bis zum Grabe mein Schulkamerad und ungefähr fünfzehn Jahre alt für mich sein, und ich wohl auch für ihn. Dies wieder festzustellen tat wohl, und in guter Stimmung marschierten wir die nüchterne Straße taleinwärts, sogleich mitten im Gespräch, und kamen unvermerkt in ein köstliches Städtchen voll nachdenklicher alter Häuser mit Fachwerkgiebeln und wohlhabenden Dächern und aus diesen wieder heraus in den stillen Klosterbezirk. Da fiel mir nun plötzlich die schöne Lau wieder ein, ich erinnerte meinen Freund an ihre Geschichte und an ihr steinernes Bad im Nonnenhofkeller und sagte ihm, diesen Keller und dies Bad zu sehen sei mir das Wichtigste an Blaubeuren und er möge mich zu guter Stunde dahin führen. Aber mein Freund wußte nichts von dem Keller und Bad, und auch ich wurde nun zweifelhaft, ob das nicht bloß eine hübsche Erfindung von Mörike sei. Darüber trafen wir einen Mann an, und siehe, es war der Hausmeister des Klosters, der zugleich Kustos und ein sorgfältiger Behüter und Kenner der Kostbarkeiten von Blaubeuren ist. Dem erzählte ich nun mein Anliegen, schilderte ihm die Situation aus Mörikes Geschichte genau, und da wurde sein Gesicht hell. Jawohl, diesen Keller gab es, und ein unterirdischer Wasserlauf verband ihn mit dem Blautopf, und sobald er Zeit habe, werde er mich hinführen. Wir verabredeten eine Stunde auf morgen, und nun traten wir ins ehemalige Kloster ein, in dem mein Freund wohnt, wurden von der Hausfrau empfangen und sogleich zu einem Mittagessen geführt, mit dem sie auf mich gewartet hatten. Ein schwäbischer Kartoffelsalat und ein schöner leichter Besigheimer Wein, und nun erst war ich in Schwaben, war in der Heimat, sprach selber wieder schwäbisch, war nicht mehr ein durchreisender Herr, sondern ein Bruder, war nicht mehr ein blöder Einsiedler, sondern wurde hin und her gefragt und mit Berichten bedient, über Mitschüler, einstige Lehrer, ihre Söhne, ihre Töchter. Den Sohn meines gewesenen Lateinschulrektors traf ich als Professor hier am Kloster wieder, ein andrer Schulkamerad wurde morgen erwartet, er war Landpfarrer und hatte einen Sohn hier in der Schule. Ich sah meinem Gastgeber zu, wie er bedächtig aß und seinen großen Schnurrbart wischte und mit seiner Frau sachlichwürdige Worte sprach und kleine Falten um die Augen hatte, aber es half ihm alles nichts, er war der Knabe Wilhelm für mich.

Zwei Tage habe ich mich in Blaubeuren aufgehalten, in einem architektonisch schauderhaften, mir aber sehr lieb gewordenen neueren Anbau des Klosters. Nicht zu allen Stunden fühlte ich mich wohl, ich war in den Nächten schlaflos und spürte allerlei Störendes, dachte mit Unbehagen voraus an Ulm, dachte mit Bangigkeit zurück an meine Klause im Süden, sah zuweilen mit glattem Neid auf meinen Freund, der ein Amt und eine vernünftige Tätigkeit hat und jeden Tag Pflichten zu erfüllen – aber dies alles ging nur so nebenher und war nicht wichtig, während alles andre ungeheuer wichtig und schön war. Schön waren die paar Begegnungen mit Klosterschülern, für die ich eine Art Sehenswürdigkeit war; denn selber ein gewesener Klosterschüler, stand ich, der fünfzehnjährig nach kurzem Dulden aus dem Kloster davongelaufen war, in den Räubergeschichten dieser Anstalten noch in einiger Erinnerung. Aber wie war doch dies? Waren diese jungen hübschen Burschen mit ihren glatten lieben Kindergesichtern wirklich ebenso alt, wie wir einst als Klosterschüler gewesen waren? War es möglich, daß hinter diesen Stirnen und blonden Bubenschöpfen dieselben heftigen Probleme wühlten wie einst in uns, dieselbe Dialektik und Philosophierlust, dieselben brennenden Ideale? Auch mein Freund war der Meinung, diese heutige Jugend, deren Klosterleben übrigens sehr viel leichter war als das unsre, sei viel weniger problematisch als wir und lebe leichter. Aber während er dies sagte, war mein lieber Wilhelm nicht mehr fünfzehnjährig, und ich auch nicht, um unsre Augen waren viele Falten, und das Grau in unsern Haaren schrie schamlos heraus.

Schön und wichtig war unser erster Gang an den Blautopf, unter den Bäumen auf dem märchenhaften Wasser schwamm gelbes Laub, Wehr und Bach voll von Gänsen und Enten, tief im Grunde saß die schöne Lau und lächelte bläulich herauf, einsam und hoffnungslos stand daneben das rührend drollige Denkmal eines früheren Königs. Alles roch nach Heimat, nach Schwäbisch, nach Roggenbrot und Märchen, und wieder einmal war es mir wunderlich, wie sehr wenig diese wunderbar lebendige und höchst besondere Landschaft von den neuern deutschen Malern gekannt ist. Überall war die Lau verborgen, überall duftete es nach Jugend und Kindheit, Träumen und Lebkuchen und nicht minder nach Hölderlin und Mörike, und daß keine Denkmäler von ihnen dastanden, konnte ich nicht bedauern. Es war begreiflich, immer hatten die Schwaben mehr Dichter als Könige gehabt.

Und unser Gang in den Nonnenhofkeller! Durch eine alte Treppe und ein dämmerndes Vorgewölb führte uns unser Führer in einen hohen, fest und schön gemauerten Keller, zeigte uns die Himmelsrichtungen, zeigte uns, von woher der unterirdische Wasserlauf kam, und als ich nicht mehr warten konnte und nach dem Bade fragte, da leuchtete er mit der Taschenlampe in eine Ecke des feierlichen Raumes, und es enthüllte sich eine dieser gewohnten Roheiten, nämlich ein zementierter Fleck, noch ziemlich neu, Zementglattstrich, und hier war also das Bad der Lau! Unter diesem verfluchten Zementflecken quoll das geheimnisvolle, kühle Wasser, in dem die Schöne geschwommen war, bis an die Brust im Wasser schwebend! Zum Glück hatten diese Baukünstler wenigstens ein rundes Loch im Zement gelassen, bedeckt mit einem ebenfalls zementenen Deckel, den wir abhoben, und da schimmerte nun im schwachen Lichtstrahl das schwarze Wasser leise herauf, bis wir schweigend das Loch wieder zudeckten, wie man eine geschändete Leiche zudeckt.

Wir sprachen nicht darüber, ob denn nun wirklich die Schwaben und anderen Menschen von heute ganz von den Göttern verlassen sind, ob sie wirklich nicht wissen, was sie an der Lau und an Mörike und an allen diesen Wundern haben, an denen kein deutsches Land so reich wie Schwaben ist. Wir ließen diese verzwickten Fragen unbesprochen und waren willig, uns an dem zu freuen, was an altem Schatz und nicht zuzementiertem Erbe in Blaubeuren noch vorhanden ist, und zum Glück ist dessen sehr viel. Alles besuchten und besahen wir mit Liebe, den berühmten Altar, das Chorgestühl, die entzückenden Gewölbe, den Kapitelsaal, die Grabmäler. Und in der Nacht, als ich für eine magere Viertelstunde eindämmerte, träumte ich nicht von der Lau, die in ihr Bad geschwommen kommt und mit dem Kopf an die Zementdecke stößt, sondern etwas unendlich viel Lieblicheres, was ich niemandem anvertrauen mag. Für uns Freunde war übrigens Blaubeuren noch lange nicht erschöpft, nachdem wir die Denkmäler frömmerer Zeiten besucht hatten. Es gab ein Mittelalter, das uns näher lag und nicht geringere Reize hatte, das war unsere Jugend, und nun betrachteten wir die Reliquien jener sagenhaften Zeit, die lächerlichen lieben Klassenphotographien, auf denen ich Entlaufener nicht mehr zu finden war, und die Schul- und Schlaf- und Speisesäle der Schüler und die Briefe besonders lieber Jugendgenossen, wobei unsrem Freunde in Altenburg in der Zwickauer Straße die Ohren mögen geklungen haben.

Nach meiner Erfahrung haben schwäbische Theologen und Philologen die Neigung, sich beim Erreichen von Eisenbahnzügen zu verspäten, sie aber in der letzten Sekunde doch noch zu erwischen. So ging es auch uns, als das Mittelalter entsetzlich rasch abgelaufen war und ich nach Ulm zu der Vorlesung fahren mußte. Um ein Haar hätten wir den Zug versäumt, und darüber kamen wir ohne Abschiedsfeierlichkeiten davon. In der Abenddämmerung kam ich in Ulm an.

Und jetzt fällt mir ein, daß ich ein kleines Erlebnis aus der Zeit in Baden zu berichten vergessen habe. Dort nämlich lernte ich eines Tages im Sprechzimmer des Arztes einen Ulmer kennen, und er lud mich ein, in Ulm bei ihm zu wohnen, und nun stand er also an der Bahn, und mit ihm ein alter Ulmer Bekannter von mir, der mir vor mehr als zwanzig Jahren einst zum erstenmal diese Stadt gezeigt hat. Ich kam in ein freundliches Haus, mit Kindern, mit liebenswerten Menschen, es war keine Fremde da, ich war noch in Schwaben. Dagegen fing jetzt die Pflichterfüllung an. Kaum angekommen, mußte ich mich umkleiden und an meine Vorlesung denken, und das tat ich nicht gerne, ohne daß ich auch hier die Gründe meines Verhaltens völlig zu erkennen vermag. Doch darf ich es mir nicht ersparen, die mir zugänglichen unter diesen Kausalfäden nach Möglichkeit zu ordnen.

Ich habe gegen das öffentliche Vorlesen nicht nur jene, von Fall zu Fall leicht zu überwindenden Hemmungen des Alleinlebenden gegen gesellige Veranstaltungen, sondern ich stoße hier auf prinzipielle, tief verankerte Unordnungen und Zwiespälte. Sie liegen, allzu kurz und schroff gesagt, in meinem Mißtrauen gegen die Literatur überhaupt. Sie plagen mich nicht nur beim Vorlesen, sondern noch viel mehr beim Arbeiten. Ich glaube nicht an den Wert der Literatur unsrer Zeit. Ich sehe zwar ein, daß jede Zeit ihre Literatur haben muß, wie sie ihre Politik, ihre Ideale, ihre Moden haben muß. Doch komme ich nie von der Überzeugung los, daß die deutsche Dichtung unsrer Zeit eine vergängliche und verzweifelte Sache sei, eine Saat, auf dünnem, schlecht bestelltem Boden gewachsen, interessant zwar und voll von Problematik, aber kaum zu reifen, vollen, langdauernden Resultaten befähigt. Ich kann infolgedessen die Versuche heutiger deutscher Dichter (meine eigenen natürlich inbegriffen) zu wirklichen Gestaltungen, zu echten Werken immer nur als irgendwie unzulänglich und epigon empfinden; überall glaube ich einen Schimmer von Schablone, von unlebendig gewordenem Vorbild wahrzunehmen. Dagegen sehe ich den Wert einer Übergangsliteratur, einer problematisch und unsicher gewordenen Dichtung darin, daß sie bekenntnishaft ihre eigene Not und die Not ihrer Zeit mit möglichster Aufrichtigkeit ausspricht. Dies ist der Grund, warum ich viele schön und treu gearbeite Werke heutiger Dichter nicht mehr genießen und bejahen kann, während ich für manche recht roh und skrupellos gemachte Kundgebungen der Jüngsten, eben als für einen Versuch zu rückhaltloser Aufrichtigkeit, Sympathie empfinden kann. Und dieser Zwiespalt geht mitten durch meine eigene kleine Welt und Literatur.

Ich liebe die deutschen Dichter der letzten großen Epoche, bis 1850, ich liebe Goethe, Hölderlin, Kleist, die Romantiker mit meinem ganzen Herzen, ihre Werke sind mir unvergänglich, immer und immer wieder lese ich Jean Paul, lese Brentano, Hoffmann, Stifter, Eichendorff, ebenso wie ich immer und immer wieder Händel, Mozart und die ganze deutsche Musik bis Schubert höre. Immer sind diese Werke vollkommen, auch wo sie längst nicht mehr unsere Gefühle und Probleme aussprechen, sie sind als Gestaltungen fertig, sind der Zeit entrückt, wenigstens noch für ungezählte Heutige. An diesen Werken habe ich die Dichtung lieben gelernt, ihre Melodien sind mir selbstverständlich wie Luft und Wasser, ihr Vorbild begleitete meine Jugend. Nun weiß ich aber seit langen Jahren selbst recht wohl, daß es unnütz ist, diese holden Vorbilder nachzuahmen (obwohl ich es immer wieder hoffnungslos versuchen mußte). Ich weiß, daß das, was wir Heutige schreiben, seinen Wert nicht darin haben kann, daß darin für heute und für lange Zeit eine Form, ein Stil, eine Klassik entstehen könnte, sondern daß wir in unsrer Not keine Zuflucht haben als die zur größtmöglichen Aufrichtigkeit. Zwischen dieser Forderung zur Aufrichtigkeit, zum Bekennen, zum letzten Sichhergeben, und jener andern, uns von Jugend an geläufigen Forderung nach schönem Ausdruck – zwischen diesen beiden Forderungen schwankt die ganze Dichtung meiner Generation verzweifelt hin und her. Denn seien wir auch zur letzten Aufrichtigkeit bis zur Selbstaufgabe bereit – wo finden wir den Ausdruck für sie? Unsre Büchersprache, unsre Schulsprache gibt ihn nicht, unsre Handschrift ist von lange her geprägt. Vereinzelte verzweiflungsvolle Bücher wie Nietzsches »Ecce homo« scheinen einen Weg zu zeigen, zeigen aber am Ende noch deutlicher die Weglosigkeit. Ein Hilfsmittel schien uns die Psychoanalyse zu sein, und sie hat Fortschritte gebracht, aber noch kein Autor, weder ein Psychoanalytiker noch ein analytisch geschulter Dichter, hat bis heute diese Art von Psychologie aus ihrem Panzer von allzu enger, allzu dogmatischer, allzu eitler Akademik befreit.

Genug, das Problem ist hinlänglich angedeutet. Wenn ich nun als Schriftsteller, zum Vorlesen aus meinen Schriften eingeladen, mit meinen Papieren in der Hand vor den Leuten stehe, dann steht dies Problem konzentriert vor mir, macht die Blätter in meiner Hand zu schlechtem Zeug, macht mein Suchen nach Aufrichtigkeit ohne Rücksicht auf Schönheit doppelt brennend. Am liebsten möchte ich dann die Lichter auslöschen und den Leuten sagen: »Ich habe nichts vorzulesen, und ich habe auch nichts zu sagen, als daß ich mich mühe, von der Lüge loszukommen. Helft mir dabei, und laßt uns nach Hause gehen.«

Ich habe trotz dieser Hemmung die wenigen Vorlesungen, zu denen ich mich überreden ließ, fast alle zur leidlichen Zufriedenheit der Veranstalter zu Ende gebracht. Aber ich war jedesmal erstaunt darüber, daß die kleine Mühe, eine Stunde lang vorzulesen, einen Menschen so sehr ermüden, oft so bis zum Umsinken erschöpfen kann.

Wenn nur ein abstrakter oder idealer Dichter einem abstrakten oder idealen Publikum gegenübersäße, dann ginge die Sache überhaupt nicht, die Angelegenheit wäre dann rein tragisch und könnte nur mit der

Selbstvernichtung des Dichters oder mit seiner Steinigung durch die Zuhörer enden. In der Erfahrungswelt jedoch sieht alles etwas anders aus, hier ist Raum für kleine Schiebungen, hier ist vor allem Raum für den alten Vermittler zwischen Ideal und Wirklichkeit, den Humor. Ich verbrauche an solchen Abenden viel von ihm, von Humoren jeder Art, namentlich von Galgenhumor. Suchen wir diese Brechung der reinen Strahlen, diese schäbige Anpassung an die Wirklichkeit ebenfalls auf eine abgekürzte Formel zu bringen!

Also: es steht ein Dichter, der im Tiefsten an sich und dem Wert seiner dichterischen Bemühungen zweifelt, vor einem Saal voll von Zuhörern, die ihrerseits von den verzwickten Vorgängen in der Seele des Herrn Vortragenden nicht das mindeste ahnen. Wodurch nun wird es diesem Dichter ermöglicht, seine Blätter dennoch vorzulesen, statt davonzulaufen und sich aufzuhängen? Es wird ermöglicht in erster Linie durch des Dichters Eitelkeit. Während er weder sich selbst noch das Publikum ernst nehmen kann, ist er dennoch eitel, denn dies ist jeder Mensch, auch der Asket, auch der an sich selbst Zweifelnde. Ich sage dies nicht, um zu kokettieren, und glaube im Abstrahierenkönnen von meiner Person, wenn es darauf ankommt, über das in Europa übliche Maß hinaus zu sein: ich kenne besser als irgendeiner den Zustand, in welchem das ewige Selbst in uns dem sterblichen Ich zuschaut und seine Sprünge und Grimassen begutachtet, voll Mitleid, voll Spott, voll Neutralität. Wie sollte ich sonst dazu kommen, mein Ich dem Spott minder wissender Leser preiszugeben? Aber eben weil ich in diesem Punkte etwas über Durchschnitt wissend, oft bis zur Grenze des Erträglichen wissend bin, eben darum kann ich die Eitelkeit des Dichters ziemlich kühl mit in Rechnung stellen. Sie ist größer, als man bei einem denkerisch veranlagten Menschen erwarten sollte, aber die Ansicht, daß Denkergabe und Eitelkeit einander ausschließen, ist eben ein Irrtum. Im Gegenteil: niemand ist eitler, niemand auf Echo und Bejahung erpichter als gerade der Geistige, und er hat Echo und Bejahung in der Tat bitter nötig. Diese Eitelkeit, die bei mir nicht stärker als bei jedem Dichter vorhanden ist, aber immerhin verschiedene Pferdestärken hat, sie hilft mir nun in der verzweifelten Situation vor dem Publikum, dem ich eigentlich nichts zu geben habe, während es doch etwas von mir erwartet. Etwas in mir, etwas, das zu zwei Dritteln aus Eitelkeit besteht, wehrt sich dagegen, vor diesen im Saal versammelten Menschen zu unterliegen und seine Wertlosigkeit einzugestehen. Etwas in mir läßt es mir wünschenswert erscheinen, diese Menschenmenge zu zwingen, nicht zu Taten, nicht einmal zu Beifall, aber zur Aufmerksamkeit, zum lautlosen Anhören meiner Gedanken und Gedichte, deren Meinung und Sinn der Meinung und dem Sinn des Publikums genau entgegengesetzt ist. Ich strenge mich also sehr an, beiße die Zähne zusammen, und da in geistigen Dingen ein einzelner immer stärker ist als eine Masse, gewinne ich den Kampf. Ich werde lautlos angehört, ich erwecke den Eindruck eines Mannes, der tatsächlich etwas zu sagen hat. Eine knappe Stunde lang ist das durchzuführen, dann muß ich aufhören, dann bin ich erschöpft.

Auf der trüben Ebene der Erfahrungswelt ist es aber nicht bloß meine dumme Eitelkeit, die viehische und dennoch witzige Sucht meiner Person, sich durchzusetzen, die mir hilft. Es hilft mir auch das Publikum und meine Einstellung zum Publikum. Hier ist ein Punkt, an dem ich stärker bin als viele meiner Kollegen. Das Publikum als solches nämlich ist mir vollkommen gleichgültig. Auch wenn das Unangenehmste zwischen dem Publikum und mir einträte, wenn ich ganz und gar durchfiele und ausgepfiffen würde – es würde mich sehr wenig berühren. Einer in mir drinnen würde lebhaft mitpfeifen. Nein, die im Saal sitzenden Menschen machen mir weder bange, noch erwarte ich viel von ihnen.Ich bin nicht mehr jung, ich kenne mich hier aus. Ich weiß ziemlich genau, wie viele von diesen Zuhörern mich nachher, persönlich oder brieflich, mit privaten, rein eigensüchtigen Angelegenheiten in Anspruch nehmen werden. Ich kenne die Gattung, welche vor dem berühmten Gast Kotau macht und nachher Gift über ihn speit. Ich kenne die Gattung der Ehrgeizigen, die einen so lange mit Unverfrorenheit und unter Anwendung stärkster Superlative ins Gesicht hinein loben und verehren, bis sie merken, daß die Anstrengung nicht erwidert wird, und die sich dann schleunig abwenden. Ich kenne auch die Schadenfreude, mit welcher der geistig kleine Mann gerne feststellt, daß auch Männer der Öffentlichkeit und des Geistes Menschen sind, Komisches an sich haben, Eitelkeit oder Befangenheit zeigen. All dies ist mir bekannt, ich bin nicht der Neuling mehr, der sich einbildet, seinetwegen, seiner aparten Persönlichkeit wegen seien diese Leute hier versammelt. Ich weiß, es könnte ebensogut ein Jodlerquartett da sein. Ich weiß, eine Rede von Ludendorff würde hundertmal mehr Leute herziehen, ein Boxkampf tausendmal mehr. Und da ich selbst, für meine Person, außerhalb der bürgerlichen Gesellschaft lebe, in der ich nur gastweise verkehre, kann mir die Achtung und der Erfolg in dieser Gesellschaft (soweit nicht eben meine primäre Eitelkeit mich hineinzieht) völlig gleichgültig sein. Hier habe ich alle Vorteile des Mannes auf meiner Seite, der Outsider und Eremit ist, der stets mit einem Fuß in Indien lebt, dem nichts gegeben und genommen werden kann, und ich bin mir dieser Vorteile bewußt.

Es ist aber weder die Triebkraft der Eitelkeit noch die Outsiderwurstigkeit gegen das Publikum allein, was es mir ermöglicht, trotz stärkster Einwände und Hemmungen je und je eine Vorlesung durchzuführen. Es ist, Gott sei Dank, auch noch etwas anderes dabei, etwas Besseres, das einzige Gute, was es gibt, nämlich Liebe. Das scheint allem zu widersprechen, was ich über meine Gleichgültigkeit gegen die Zuhörer gesagt habe, und ist doch so. Nämlich während ich mich durch jene Erfahrungsklugheit, jene niedere und etwas schäbige Erfahrungswurstigkeit vor dem Publikum rette, wende ich mich mit desto größerer Liebe, desto wärmerem Bemühen dem einzelnen Menschen zu. Sitzt dieser einzelne Mensch, den ich lieben und für den ich mich gerne anstrengen kann, wirklich im Saal, etwa in Gestalt eines Freundes, dann wende ich mich überhaupt nur an ihn, richte meine ganze Vorlesung bloß an diesen einen Menschen. Ist er aber nicht da, weiß ich nichts von ihm, so denke ich ihn mir doch, so zaubere ich ihn mir vors Auge, entweder indem ich an einen fernen Freund oder an eine Geliebte oder an meine Schwestern oder an einen meiner Söhne denke oder aber indem ich irgendein Gesicht im Saal heraushebe, das mir sympathisch ist. An dies Gesicht klammere ich mich, ich liebe es, ich wende ihm alle meine Wärme, alle meine Aufmerksamkeit, all mein Bemühen um Verstandenwerden zu. Und dies ist der Talisman, der mir hilft.

In Ulm nun war diese Sache nicht schwierig. Nicht nur gab es im Saal einige freundliche und bekannte Gesichter, sondern auch im ganzen war ich unter Freunden, war in Schwaben, zu Hause, und so ging es nicht schwer. Wir saßen in einem sehr hübschen Haus, dem Museum der Stadt, dessen Leiter die Sache veranstaltet hatte; er lud mich für morgen zur Besichtigung seines Museums ein, kam auch, nebst einigen andern, noch zu meinen Gastfreunden mit, zu einem Glas Wein und einem Beisammensein, damit nicht etwa von den etwas problematischen Sachen, die ich vorgelesen, ein unangenehmer Nachklang übrigbleibe. Müde war ich sehr, und ebenso froh, daß es vorbei war.

Und nun blieben mir nahezu zwei Tage für Ulm, und ich konnte feststellen, daß es mit dem Gedächtnis für schöne Dinge auch bei solchen, die sich dafür für begabt und erzogen halten, eine zweifelhafte Sache ist. Denn schon einmal, als junger Mensch, hatte ich diese außerordentlich schöne und originelle Stadt mir angesehen, und hatte vieles wieder vergessen. Nicht vergessen hatte ich die Stadtmauer und den Metzgerturm, auch nicht den Münsterchor und das Rathaus, all diese Bilder stießen in mir auf ihre Erinnerungsbilder und wichen wenig von ihnen ab; dafür waren ungezählte neue Bilder da, die ich sah, als sei es das erstemal, uralte schief eingesunkene Fischerhäuser im dunklen Wasser stehend, kleine Zwergenhäuser auf dem Stadtwall, stolze Bürgerhäuser in den Gassen, hier ein origineller Giebel, da ein edles Portal. Außerdem aber nahm ich, dem schon Berühmten und Klassifizierten gegenüber nicht mehr allzu empfänglich, in meiner alten Guckkastenfreude auch hier eine Menge von Kleinigkeiten in mich auf: einen Bologneserhund, schwäbische Gesichter hinter halb verhangenen Scheiben, aufgebauten, schon ein wenig weihnachtlich anmutenden Krimskrams in Ansichtskartenläden und – für mich stets etwas Fesselndes und Unausschöpfliches: Firmenschilder. Die Vor- und Familiennamen der Geschäfts- und Handwerksleute in einer fremden Stadt zu lesen, ist mir stets ein Bedürfnis und Vergnügen, ebenso wie in Romanen, die ich las, mir immer die Namen sehr wichtig und oft aufschlußreich gewesen sind. Auch war es mir jedesmal merkwürdig und hatte Erlebniswert, wenn ich einen Namen, den ich nur aus einer Dichtung kannte, zum erstenmal im Leben antraf. So traf es mich wie ein kleiner Schreck, als ich einst, vor vielen Jahren, im Elsaß den Namen Arbogast antraf, diesen schönen märchenhaften Namen, von dem ich jahrelang geglaubt hatte, er sei von Mörike für seine Schatznovelle eigens erfunden worden. Beim Lesen der Firmenschilder erfährt man nicht bloß, ob eine Stadt mehr katholisch oder protestantisch bevölkert ist, ob sie viele Juden hat oder nicht, man erfährt auch, namentlich aus den katholischen Vornamen, etwas von Geist und Herkunft einer Bevölkerung, von ihren Vorlieben, ihren Schutzpatronen. Und überall klang das kräftige heimatliche

Schwäbisch, überall hörte ich Worte, die ich lang nicht mehr gehört hatte: »Ha no« und »ha gelt«. Das ist, wie wenn man irgendwo den Kalk oder Sandstein, die Bäume und Blumen seiner Erinnerungswelt wieder antrifft, wie wenn man ein Wasser, einen Wein, eine Speise, einen Apfel, eine Droge plötzlich wieder schmeckt oder einen Geruch in die Nase bekommt, den man in Jahren nicht mehr geschmeckt hat und an dem tausend namenlose Erinnerungen hängen. In diesen Gerüchen, in diesen Wolken von anonymen Erinnerungen ging ich einher. Ulmer Witze und Geschichten wurden mir erzählt, dazwischen war ich bei den Kindern meiner Wirte, zeigte ihnen das Märchen, das ich gestern vorgelesen hatte, es ist von Hand geschrieben mit kleinen farbigen, handgemalten Bildern drin – während der Inflationsjahre halfen diese Bilderhandschriften mir, mich durchzubringen. Einen Nachmittag waren wir bei Professor Baum in seinem Ulmer Museum, das zu sehen sich sehr lohnt.

Ich trank Kaffe und aß Kuchen bei jenem Bekannten, der mir in der Jugendzeit einst Ulm zum erstenmal gezeigt hatte, in behaglichen, mit schönen und merkwürdigen Sachen angefüllten Stuben. Da bekam ich es wieder stark mit Mörike zu tun, denn mein Bekannter besaß eine Menge von Mörike-Erinnerungen, Bücher, in denen dieser sich Notizen gemacht und Lieblingsstellen angestrichen hatte, Notizen über die Samen, die er im nächsten Frühjahr in seinen Garten säen wollte: es waren wenig Gemüse und sehr viel Blumen dabei, auch eine stramingestickte urväterliche Reisetasche kam zum Vorschein, mit welcher Herr Pfarrer Mörike einst seine Reisen unternahm. In diesem

Hause war mancher kleine Schatz, und er war am rechten Ort. Ich kam in dieses Haus übermüdet, nervös und mitgenommen – denn wenn ich ohnehin schon eigentliches Wohlbefinden kaum kenne, so ist das auf Reisen noch gesteigert – und in kurzem ward mir wohl und friedlich ums Herz.

Am letzten Ulmer Abend, während ich zu Bett ging, dachte ich über dies und jenes nach, was mir auf meiner Schwabenreise begegnet war, dachte an Singen, an Tuttlingen, an Blaubeuren, an Ulm, an das schöne Museum, und mit einemmal fiel mir auf, wie sehr dies alles im Zeichen der Vergangenheit stand, wie viele Tote da mitgeredet hatten, ja wie das Lebendigste von allem die Toten gewesen waren. Es war Hölderlin, in jenem Augenblick unter den Tuttlinger Giebelhäusern, es war Mörike, mit der schönen Lau, auch an Arnim und die Kronenwächter hatte ich mich hier oft erinnert gefühlt, es waren die Meister all der Altäre, der Chorstühle, der Grabplatten, der herrlichen Bauten. Und so wie auf dieser Reise waren immer und überall Tote um mich gewesen, vielmehr Unsterbliche. Und diese lang gestorbenen Menschen, deren Worte mir lebendig waren, deren Gedanken mich erzogen, deren Werke die nüchterne Welt schön und möglich machten – waren das denn nun nicht alle auch besondere, kranke, leidende, schwierige Menschen gewesen, Schöpfer aus Not, nicht aus Glück, Baumeister aus Ekel gegen die Wirklichkeit, nicht aus Übereinstimmung mit ihr? Hatten wirklich die Städter des Mittelalters, die doch schließlich Bäcker und Händler und zufriedene, gesunde, behäbige Leute gewesen waren, hatten wirklich sie diese Münster gebaut, gewollt? Waren sie nicht vom Ungenügen der andern, der wenigen, dazu gezwungen worden? Und wenn die Wirklichkeit recht hatte, wenn unsereiner lediglich ein armer Neurastheniker war, wenn es das Bessere und Richtige war, ein Bürger und Hausvater und Steuerzahler zu sein, Geschäfte zu machen und Kinder zu zeugen, wenn die Fabrik und das Auto und das Bureau wirklich das Normale, Wahre, Sinngemäße für die Menschen war – warum machten sie dann solche Museen? Warum stellten sie einen Kustos an, um den Blaubeurer Altar zu bewahren? Warum stellten sie große Vitrinen voll Zeichnungen und Graphik aus und gaben sogar von Staats wegen Geld dafür aus? Warum diese Narreteien, diesen Firlefanz, diese kranken Spielereien trostbedürftiger Künstler anbeten, sammeln, bewachen, ausstellen, Vorträge darüber halten, wenn nicht in diesen Spielereien ein Stück vom Wesentlichen lag, vom Sinn, vom eigentlichen Wert des Daseins? Warum waren die Ulmer stolz auf die Wohlerhaltenheit ihres alten Stadtbildes, statt den alten Kram einzureißen und Fabriken und Miethäuser hinzubauen? Warum kauften sich die Fabrikanten, wenn sie aus ihren Bureaus und aus ihren Autos kamen und es ein wenig nett haben wollten, aus dem Geld, das sie dort verdient, illustrierte Werke über alte Klöster, Bilder verstorbener Meister, die zu ihren Lebzeiten nie den hundertsten Teil von dem besessen hatten, was heut ein Bild von ihnen kostet? Warum war das höchste Lob, das ich hier in Ulm über eine moderne Architektur, aus unserer Zeit, gehört hatte, das gewesen, daß sie sich so dezent in das alte Straßenbild einfüge? Und warum mußte alles, was von heute war, so häßlich sein? Von Zürich bis Ulm, soweit die Erde von Menschenhand verändert und überbaut war, war nichts Schönes da als die paar winzigen Inseln der alten Bauwerke. Das andre war Bahnhof, Fabrik, Miethaus, Warenhaus, Kaserne, Postgebäude, eines wie das andre häßlich und hoffnungslos, geeignet, den Menschen anzuekeln und zum Selbstmord zu überreden.

Ich stellte meine Frage nicht, um mir über die Gründe dieser Häßlichkeit und Hoffnungslosigkeit klarzuwerden, es interessierten mich weder der Bevölkerungszuwachs (den man mit allen Mitteln einschränken sollte, statt daß Staat und Gesellschaft ihn fördern) noch die Gesetze der Wirtschaft (die in der Bauzeit der gotischen Dome die gleichen waren wie heute), sondern es bannte mich einzig die Frage: Bist du, verrückter Dichter auf deiner Reise, wirklich verrückt? Bist du nur darum krank und leidest am Leben und magst oft kaum weiterleben, weil du es versäumt hast, dich der Wirklichkeit, »wie sie nun einmal ist«, anzupassen?

Und wieder, obgleich ich bereit war, auch auf meine eigenen Kosten sachlich zu denken, mußte ich antworten, wie ich mir schon oft geantwortet habe: Nein, du hast tausendmal recht mit deinem Protest gegen diese scheußliche »Welt, wie sie nun einmal ist«, du hast recht, wenn du stirbst und erstickst an dieser Welt, statt sie anzuerkennen.

Und wieder spürte ich das Zucken zwischen Pol und Gegenpol, spürte über der Kluft zwischen Wirklichkeit und Ideal, zwischen Wirklichkeit und Schönheit das Schwanken der luftigen Brücke: den Humor. Ja, mit Humor war es zu ertragen, sogar die Bahnhöfe, sogar die Kasernen, sogar die literarischen Vorlesungen. Mit Lachen, mit Nichternstnehmen der Wirklichkeit, mit dem beständigen Wissen um ihre Zerstörbarkeit war es zu ertragen. Die Maschinen würden einst gegeneinander Amok laufen, die Arsenale ihren Kram entladen, und irgendeinmal würde da, wo heut eine Großstadt steht, wieder Gras wachsen und Wiesel und Marder schleichen. Nein, man brauchte dieser komischen Welt nicht die Ehre anzutun, sie ernst zu nehmen.

Andern Tages wurde nach Tische Abschied genommen, Wiederkommen versprochen, in einen Zug gestiegen. Heut abend, so nach neun Uhr, würde meine zweite Vorlesung schon vorüber und ich für Tage frei sein. Ach, diese Bahnhöfe! Diese dreckigen und finstern Hallen, diese Treppen voll unglücklich hastender, schleppender, ängstlicher Menschen, diese dummen Perronsperren, diese kläglichen Häuschen mit dem Mann darin, der einen Klemmer auf der Nase hat und seine Karten einsammelt. Nicht ernst nehmen!

Der Hotelomnibus in Augsburg setzte mich vor einer gläsernen Drehtüre ab, dahinter klang Teemusik, diese witzige Erfindung des heutigen Menschen, um auch in den paar Augenblicken der Ruhe und Erholung nicht sprechen, nicht aufmerken, nicht denken, nicht zu sich kommen zu müssen. Ich meldete mich, bat um ein Zimmer, ein Boy kam mit mir, rundum war alles sehr modern, Restaurant, Halle, Garderobe. Der Boy fuhr mit mir in den ersten Stock, tat die Lifttüre auf, und plötzlich stand ich in einem geräumigen alten Palazzo, schweigende fürstliche Korridore, hohe mächtige Türen, über jedem ein geschnitztes und bemaltes Wappen, ein feudales Treppenhaus. Eine Tür wurde vor mir aufgetan, ein hohes schönes Zimmer war da, das Fenster ging auf einen grünen Wintergarten. Erfreut nahm ich von dem originellsten und hübschesten Hotel Besitz, das ich je in einer größeren deutschen Stadt angetroffen habe. Das Telephon im Zimmer war das einzige, was mich störte, diese Apparate sind gefährlich. Nun, im Notfall konnte man es abschrauben oder zertrümmern. Zunächst aber machte ich Gebrauch davon und meldete meinem Brotgeber, daß der Artist des Abends angekommen sei. Dann pflegte ich der Ruhe, packte ein wenig aus, zog mich um, ließ mir etwas Milch und Kognak kommen. Ich hatte den »Simplizissimus« in der Manteltasche und las darin einen von Ringelnatzens Reisebriefen, die ich sehr gern habe; als es dann aber an der Tür klopfte und man kam, um mich zur Vorlesung abzuholen, merkte ich, daß ich eine ganze Weile eingeschlafen war. Es war Nacht und kalt, man brachte mich durch eine breite, stolze Straße in einen Konzertsaal, ich kam diesmal gar nicht recht dazu, die Situation zu empfinden und den gewohnten psychologischen Apparat in Bewegung zu setzen, doch gelang es mir in Bälde, wieder in der Menge ein Gesicht zu angeln, an das ich mich wenden konnte, und so las ich meine Sachen brav daher, trank hie und da einen Schluck vortrefflichen Wassers, und die ganze Veranstaltung war zu Ende, ehe ich eigentlich dazu gekommen war, innerlich gegen sie zu protestieren. Nun, mir konnte das lieb sein. Ich lief in mein Wartezimmer, schlüpfte in den Mantel und zündete eine Zigarre an. Nun kamen die Leute, ich machte mich auf die gewohnten Höflichkeiten gefaßt, war im Grunde froh, daß ich niemand in der Stadt kannte – aber da stand schon eine Dame mit roten Backen vor mir, lachte mich an und sagte auf schwäbisch: »Gell, Sie kenne mich nimmer?« Es war eine Schwarzwälderin, aus meinem Heimatstädtchen, und war mit meinen Schwestern in die Schule gegangen, und hinter ihr erschien ihre Tochter, ein hübsches vergnügtes Mädchen mit ebenfalls blühenden Wangen, und wir lachten und beschlossen, heut noch eine Weile beieinander zu bleiben. Daß ich heut abend etwas dösig war, merkte ich aber doch bald: ein Herr legte mir eines meiner Bücher vor mit der Bitte, für seine Frau eine Widmung hineinzuschreiben. Ich hatte soeben an Nürnberg gedacht und daß jetzt zum Glück bloß noch diese eine Stadt zu absolvieren sei, und nun schrieb ich dem Mann etwas in sein Buch und gab es ihm mit freundlichem Lächeln wieder. Es las und reichte es mir zurück: ich hatte hineingeschrieben »Zur Erinnerung an den Abend in Nürnberg«! Es mußte ausradiert und geändert werden. Dann gingen wir in mein Hotel zu einem Glas Wein, und die Calwerin redete von Calw, und wir sprachen alle Calwer durch, an die wir uns noch erinnern konnten, und die Tochter saß dabei und fand uns alte Leute drollig, und plötzlich war auch noch einer aus Neuenbürg dabei, und ich sah, daß ich noch immer mitten in Schwaben saß. Spät ging ich durch das fürstliche Treppenhaus in mein Zimmer hinauf. Eigentlich war es doch eine leichte Sache, sich durch solche Vorlesungen sein Brot zu verdienen. Indessen war es ja nicht das Brot, das mir fehlte, sondern die Luft, und diese Luft, die Luft des Lebenkönnens, der Zufriedenheit, des Glaubens an meinen Beruf und mein Tun, diese Luft wehte auch in Augsburg nicht, mit diesem Honorar wurde auch hier nicht bezahlt. Im Gegenteil (und darum hat Gott die Tenöre und Virtuosen mit diesem genialen Plus an Selbstgefühl ausgestattet), wenn man so als Vortragender für literarische Unterhaltungsabende, als Tenor und Barde durch die Städte zog, so war dies gerade die bestausgesuchte Gelegenheit, um einen eingebildeten, von seiner Wichtigkeit überzeugten Artisten vom Gegenteil, von seiner Entbehrlichkeit, von der völligen Bedeutungslosigkeit seiner Person und seiner Spezialität zu überzeugen. Ob die Leute vom literarischen Verein Thomas Mann hörten oder Gerhart Hauptmann, ob den Baron Münchhausen oder den Tenor Hesse, ob ein Berliner Professor ihnen seinen Vortrag über Homer hielt oder ein Münchener Professor den seinen über Matthias Grünewald, das war alles ganz und gar einerlei, jede dieser Spezialitäten war nur ein Strich im Muster, ein Fädchen im Gewebe, und das Muster hieß Geistesindustrie, und das Gewebe hieß Bildungsbetrieb, und irgendeinen Wert hatte weder das Ganze noch eine der einzelnen Spezialitäten. Herr, laß mich den Humor nicht verlieren, laß mich noch eine kleine Weile leben! Und laß mich mitarbeiten an irgendeinem Werk und Ding, das mehr Sinn, mehr Wert hat als dieser Jahrmarkt! Laß mich als geringsten Diener dazu beitragen, daß Deutschland endlich seine staatlichen Schulen wieder schließt, daß Europa energisch an der Verminderung seiner Geburtenziffern arbeitet! Gebt mir statt dem Geld für diese Vorträge, statt der Ehre, statt den Schmeicheleien ein Maul voll Luft zum Atmen!

Skeptiker versichern, daß noch nie ein Mensch an gebrochenem Herzen gestorben sei. Sie werden auch leugnen, daß ein Literat an Luftmangel sterben könne. Als ob ein Literat nicht alles atmen, nicht aus jedem Gas und jedem Gestank noch ein Feuilleton herausdestillieren könnte.

Am nächsten Tage war hübsches Wetter, und als ich ausging, um mir Augsburg anzusehen, nahm ich wahr, daß heute Markttag sei. Ich habe nie viel Geschichte gelernt, sondern mein Wissen alles aus den Dichtern bezogen, und so wie ich über die Geheimnisse Blaubeurens durch Mörike besser unterrichtet war als selbst die dortigen Professoren, so war ich auf Augsburg durch die Erinnerung an Arnims Kronenwächter, auf Nürnberg durch Wackenroder und E. T. A. Hoffmann aufs beste vorbereitet. Ich brauche hier nicht zu versichern, daß Augsburg eine sehr schöne Stadt ist. Aber eines traf ich dort an, was mir ganz besonders gefiel und wohltat. Auf dem Wochenmarkt, wo begeisternde Massen von Butter, Käse, Obst, Würsten und dergleichen zur Schau gelegt waren, fand ich eine ganze Anzahl von Bauern, namentlich aber Bauernfrauen, sogar einige Kinder dabei, welche alle noch ihre alte unverfälschte Volkstracht trugen. Der ersten, die ich sah, wäre ich vor Freude beinah um den Hals gefallen, ich strich ihr lang durch die alten Gassen nach. Kleingeblümte Miederstoffe, originell gebauschte und wieder eingeschnürte Ärmel, witzige Hauben – o wie rief das mir meine Kinderzeit herauf und die Viehmärkte in Calw, wo viele Hunderte von Bauern und Bauernfrauen, alle bis auf den letzten in ihre Trachten gekleidet, daherkamen und wo man die

Bauern der verschiedenen Gaue, der Wald- und der Korngegenden, schon von weitem genau an der Farbe ihrer Lederhosen erkennen konnte!

Meine letzten Stunden in Augsburg waren die schönsten. Ich hatte Glück in dieser Stadt, und ich hatte ihr gestern abend sehr unrecht getan, sie mit Nürnberg zu verwechseln. Außer allem Hübschen und Liebenswerten, das mir hier schon entgegengekommen war, fand sich auch noch eine besondere Überraschung ein. Es gab in Augsburg ein Ehepaar, das hatte vor vierzehn Jahren ein Buch von mir gelesen und mir damals geschrieben und hatte seine damals geborene erste Tochter nach einer Figur meines Buches getauft, und jetzt fand dies Ehepaar sich ein und lud mich zu Tisch und gab sich eine liebevolle Mühe, mir erst ein ausgesucht gutes Essen vorzusetzen und mir dann, mit Hilfe eines Wagens, in wenigen Stunden das Wichtigste und Schönste vom alten Augsburg zu zeigen. Wenn es mich auch sehr beschämte, all diese Liebe und Aufmerksamkeit einem Buche zu verdanken, das mir heute unleidlich erschien, gute Stunden sind es dennoch gewesen. Ach, und was für schöne und außerordentliche Dinge bekam ich in dieser Märchenstadt zu sehen! In der Sakristei von Sankt Moritz eine Sammlung alter Meßgewänder von einer Üppigkeit, daß man in Rom zu sein meinte, und dicht daneben in einer Kapelle vier sitzende Bischöfe, nicht etwa Holz- oder Steinfiguren, sondern die Leiber, die Mumien selbst, im reichen Ornat. Für mich das Schönste war die eherne Pforte der Kathedrale, ein andrer Anblick aber wurde mir im Innern dieser ehrwürdigen Kirche. Dort sah ich einen Mann von ländlichem Aussehen, mit breitem, blondem Bart, in verschossenes Grün gekleidet, mit einem Rucksack auf dem Rücken. Erst sah ich ihn eintreten, er betrat die Kirche gerade vor mir, dann sah ich ihn suchend durch die mächtige Kirche gehen, und dann hatte er gefunden und kniete vor einer Kapelle nieder, barhäuptig, die Augen auf das Altarbild gerichtet, beide Arme mit offenen flehenden Händen weit ausgebreitet, und betete, betete mit den Augen, mit dem Mund, mit den Knien, mit den ausgestreckten Armen, mit den offenen Händen, betete mit Leib und Seele, blind und taub gegen die Welt, ungestört durch uns gottlose Neugierige im Heiligtum, welche hier romanische Bronze und gotische Glasfenster suchten, statt Gott zu suchen. Dieser betende Mann und die Frauen mit den Bauerntrachten sind die Bilder, die ich in Augsburg für mein innerstes, bleibendes Bilderbuch gewonnen habe, nicht der goldene Saal, nicht die stolzen Brunnen und Bürgerplätze, nicht die Fuggerei.

Abends fuhr ich nach München und hatte nun mehrere Tage Zeit, mich auszuruhen, das Durcheinander von Bildern sich setzen zu lassen und zu bedauern, daß ich auch noch nach Nürnberg gehen müsse. Ein Abend wurde mir beinah gefährlich, da hatte ich den Direktor des Parkhotels aufgesucht, und da er mich an anderen Orten dieser Erde einst als einen Freund guter Weine hatte kennenlernen, machte er sich nun einen Spaß daraus, mir einige ausgesuchte alte Flaschen aus seinem Keller vorzusetzen. Da mußte ich mich, da ich zwar ein Trinker, aber nicht an große Mengen gewöhnt bin, gegen den Schluß hin etwas zusammennehmen, aber es wurde durchgeführt. Und – falls das nicht eine angenehme Täuschung der Weinlaune war — plötzlich saß da auch mein Wirt und Freund aus Baden an der Limmat, lachte und stieß mit mir an. Um auch etwas für meine Bildung zu tun, ging ich andern Tages in die Redaktion einer großen Zeitung, aber es wurde mir in diesen Räumen nicht wohl, und ich hielt es nicht länger als eine Viertelstunde aus. Aber ich darf von München nicht zu viel erzählen, ich hatte dort immer ein etwas schlechtes Gewissen. Es wohnen dort eine Menge von Menschen, die mir einst nahestanden und mich gut kannten und die ich gern hatte und die ich eigentlich alle hätte besuchen sollen. Aber dies wäre ein zu großes Unternehmen gewesen, und was hätte mich dabei erwartet? Dreißig Menschen hätten mich freundlich darüber befragt, ob es mir gut gehe, und was ich mache, und ob ich mit meinem Leben, meiner Gesundheit, meiner Tätigkeit zufrieden sei, und was dergleichen peinliche Fragen sind, und ich hätte dasitzen und freundlich lächeln und mit dem Kopf nicken müssen, und das ist so furchtbar ermüdend. Einige von ihnen, die ich ernstlich zu den Freunden rechnen kann, sah ich aber doch, nicht in ihren Wohnungen, bei ihren Frauen, unter ihren Kindern, in ihrer Arbeit, sondern hübsch unter uns in irgendeinem Keller oder Beisel am Abend, wo man sich über die wirtschaftliche Depression unterhielt und beim Waldulmer oder Affenthaler gelegentlich von den früheren Jahren sprach, von Bodenseesommern, von Italienreisen, von den im Krieg umgekommenen Freunden. Meine Stimmung war in diesen Tagen nicht sehr gut, nicht nur weil ich von der Literatur so sehr genug hatte und viel drum gegeben hätte, wenn ich nicht mehr nach Nürnberg hätte fahren müssen, sondern auch aus anderen Gründen.

Meine Reise ging allmählich ihrem Ende entgegen, in sechs Wochen hatte ich mich so allmählich vom Tessin her bis nahe an meine Endstation herangepirscht, und immer war unterwegs, ohne daß ich mit dem Bewußtsein viel daran gedacht hätte, mein Herz von der Frage erfüllt gewesen: Was wird nun werden? Was hast du nun auf deiner Reise gefunden und erreicht? Wirst du wieder an deine Arbeit und in deine Einsiedelei gehen, mit den schmerzenden Augen allein in deiner Bibliothek sitzen können, oder wirst du irgend etwas andres unternehmen? Und diese Frage war noch immer nicht gelöst. Ich hatte Vorlesungen gehalten, hatte Liebe und herzliches Gespräch mit Freunden genossen, hatte da und dort einen guten Wein getrunken und in einem warmen freundlichen Raume freundliche Stunden verbracht, hatte zwischenein das Unerträgliche heruntergewürgt, mich beim Anblick alter Bauwerke (gotische Netzgewölbe sind dabei das Berauschendste für mich) für Stunden vergessen, hatte auch einigemal in Augenblicken der Reisemüdigkeit, nachdem allzuviel geschwatzt worden war, eine flüchtige Sehnsucht nach meiner fernen Eremitage gefühlt – aber nichts war anders geworden, nichts war in Ordnung gekommen. Den Druck dieses Zustandes fühlte ich mehr und mehr, und so war ich denn, als ich schließlich vollends nach Nürnberg fuhr, nicht in empfänglicher und dankbarer Stimmung, und daß ich dennoch fuhr, daß ich den dummen Heroismus dafür meinte aufbringen zu müssen, statt mich mit einem Telegramm von der Sache zu befreien, das mußte ich nun büßen. Denn Nürnberg wurde eine große Enttäuschung für mich.

Ich fuhr an einem trüben Tag, Schnee und Regen durcheinander, fuhr wieder an Augsburg vorbei, sah über der Stadt die Kathedrale und St. Moritz ragen, dann kamen unbekannte Gegenden, und auf der letzten Strecke begann eine wilde, rauhe, menschenlose und großartige Landschaft mit großen Föhrenwäldern, deren Wipfel der Schneesturm schüttelte. Es war schön und geheimnisvoll, aber es war für mich Südländer auch bedrückend und ängstigend. Wenn ich nun so weiter führe, dachte ich mir, dann kämen wohl immer mehr Föhren, und immer mehr Schnee, und dann etwas Leipzig oder Berlin, und dann bald Spitzbergen und der Nordpol. Lieber Gott, wenn ich nun auch noch die Einladung nach Dresden angenommen hätte! Es war nicht auszudenken. Ohnehin war die Fahrt lang genug, schrecklich lang, und ich war froh, als ich Nürnberg erreicht hatte. Heimlich hatte ich in dieser gotischen Stadt allerlei Wunder erwartet, hatte auf Begegnungen mit dem Geist E. T. A. Hoffmanns und Wackenroders gehofft, und damit war es nun nichts. Die Stadt hat mir einen furchtbaren Eindruck gemacht, woran natürlich nicht die Stadt, nur ich allein die Schuld trage. Ich sah eine wahrhaft entzückende alte Stadt, reicher als Ulm, origineller als Augsburg, ich sah St. Lorenz und St. Sebald, sah das Rathaus mit dem Hof, wo der Brunnen so unsäglich anmutig steht. Ich sah dies alles, und alles war sehr schön, aber alles war umbaut von einer großen, lieblosen, öden Geschäftsstadt, war umknattert von Motoren, umschlängelt von Automobilen, alles zitterte leise unterm

Tempo einer andern Zeit, die keine Netzgewölbe baut und keine Brunnen hold wie Blumen in stille Höfe hinzustellen weiß, alles schien bereit, in der nächsten Stunde einzustürzen, denn es hatte keinen Zweck und keine Seele mehr. Was für schöne, was für entzükkende Sachen sah ich in dieser tollen Stadt! Nicht nur die Berühmtheiten, die Kirchen, die Brunnen, das Dürerhaus, die Burg, sondern auch eine Menge von jenen kleinen, zufälligen Sachen, dir mir im Grunde lieber sind. Eine Apotheke, zur Kugel genannt, wo ich mir ein neues Badeglas für die Augen kaufte, ein festes, schönes altes Haus, die hatte in einem ihrer Schaufenster ein ausgestopftes eben aus dem Ei gekrochenes junges Krokodilchen stehen, samt der Eischale, und mehr solcher Dinge. Aber es half alles nichts. Ich sah alles nur noch in die Auspuffgase dieser verfluchten Maschinen gehüllt, alles unterwühlt, alles vibrierend von einem Leben, das ich nicht als menschlich, nur als teuflisch empfinden kann, alles bereit zu sterben, bereit zu Staub zu werden, sehnsüchtig nach Einsturz und Untergang, angeekelt von dieser Welt, müde des Dastehens ohne Zweck, des Schönseins ohne Seele. Auch die Freundlichkeit, mit der ich im literarischen Verein empfangen wurde, auch das Aufatmen, als ich meine letzte Vorlesung (für lange Zeit, vielleicht für immer) hinter mich gebracht hatte, auch dies half nichts. Es war alles trostlos. Im Hotel eine überheizte Dampfheizung, die die ganze Nacht hindurch nicht kalt zu bekommen war, keine Möglichkeit, das Fenster offen zu halten bei dem lärmigen Verkehr der Straßen, dazu wieder so ein gemeiner Apparat im Zimmer, ein Telephon, das mich nach schlafloser

Nacht, bei wütenden Schmerzen, am Morgen um die letzte Ruhestunde brachte. Menschen, warum quälet ihr mich denn so, gebt mir doch lieber einen raschen Tod!

Indessen nahm der Beobachter in mir diesen ganzen Befund mit der gewohnten Ruhe auf, neugierig, ob der Bursche diesmal explodieren oder es doch noch aushalten würde. Der Beobachter in mir (eine Figur, welche nicht zu den Personen dieser Erzählung gehört), der mit den zufälligen Freuden und Leiden des reisenden Barden nichts zu tun hat, als daß er sie notiert, er war dabei und wird ein andermal sachlicher von diesen Erlebnissen sprechen. Heute spricht nur der reisende Tenor, der zufällige Mensch in mir, der Zufälliges erlebt und leidet.

Gerade in Nürnberg, wo ich mir neunzigjährig und sterbend vorkam, wo ich keinen andern Wunsch hatte, als mich begraben zu lassen, gerade hier kam ich hauptsächlich mit jungen Menschen in Berührung. Einer von ihnen, ein Schüler oder Student, brachte mich nach der Vorlesung in Verlegenheit. Er bat mich, ihm etwas in ein Buch zu schreiben, und als mir nichts einfiel (was hätte mir unter diesen Umständen auch einfallen sollen?), schlug er vor, ich möchte einige griechische Worte schreiben, ein Zitat aus dem Neuen Testament, das in einem meiner Bücher vorkommt. Ich hatte seit mehr als zwanzig Jahren keinen griechischen Buchstaben mehr gemalt; weiß Gott, wie diese Inschrift ausgefallen ist! Ein anderer junger Mann, mit dem ich den größten Teil jener kurzen Nürnberger Stunden verbracht habe und an dem ich Freude hatte, war ein junger Dichter. Er hatte schon vor einiger Zeit meine Sympathie gewonnen, teils durch einen klugen Aufsatz über mich, in dem er die Vergeblichkeit meiner dichterischen Versuche und deren Ursachen sehr gut dargestellt hat, teils auch durch eine kleine Dichtung, deren Held der Dichter Grabbe ist und die einen richtigen Zauber hat. Dieser junge Dichter ging mit mir durch Nürnberg, saß mit mir, obwohl Abstinent, geduldig in abendlichen Kneipen herum, und mit seinem angenehmen Gesicht und seinen kleinen zarten Händen kam er mir für Augenblicke wie ein Engel vor, der dazu bestellt sei, mich hier in dieser Stadt vor dem Äußersten zu bewahren.

Immerhin saß ich nun da recht ratlos und verloren, und nur eines war mir klar, daß ich so rasch als möglich wieder fort müsse. Ich habe nun in München einen Freund, einen von den guten und zuverlässigen, dem telegraphierte ich, es sei mir unmöglich, es hier auszuhalten, und er möge mich mit dem nächsten Schnellzug in München erwarten. Irgendwie klemmte ich meine Habe wieder in den Koffer, kam irgendwie aus dem Hotel wieder heraus und auf die Bahn und fuhr vernichtet, aber glücklich über die Erlösung, wieder von Nürnberg fort, das ja doch dem Untergang geweiht schien. Es war ein guter Schnellzug, der bis München an keinem Orte hielt, aber doch dauerte es sehr lang und war kaum zu erleben, bis ich in München ankam, neunzig Jahre alt, mit zerstörtem Hirn, brennenden Augen, einknickenden Knien. Dies war vielleicht der schönste Augenblick meiner Reise. Da war ich wieder in München, war noch am Leben, hatte alles hinter mir, brauchte nie mehr eine Vorlesung zu halten. Und da stand mein Freund, groß und stark, mit lachenden Augen, und nahm mir das Köfferlein ab, und statt langer Fragen und Auseinandersetzungen sagte er mir, wir seien in der und der Weinstube von Bekannten erwartet. Ich wäre lieber in ein Bett gestiegen, aber auch die Weinstube war gut, ich war einverstanden. Verschiedene Koryphäen der Literatur und Kritik saßen da an einem Tische und erwarteten uns, und es wurde ein wahrhaft edler Mosel eingeschenkt, ich hörte die interessantesten Gespräche und Diskussionen und war sehr zufrieden, denn dies alles ging mich gar nichts an, verlangte nichts von mir, war lediglich interessant, ich konnte dabei sitzen und in all die angeregten und klugen Gesichter blicken und von dem Mosel trinken und den Schlaf kommen fühlen, und wenn es mir paßte, so konnte ich morgen liegenbleiben, einen Tag lang, ein Jahr lang, ein Jahrhundert lang, niemand hatte etwas von mir zu fordern, keine Eisenbahn pfiff für mich, kein Vorlesepult stand für mich erleuchtet und mit der Wasserflasche geschmückt, weder griechische noch andre Buchstaben brauchte ich zu malen.

Bei meinem Freunde blieb ich nun, weit draußen in einer ländlichen Gegend vor München, noch manche Tage, um mich zu erholen und mir über die Technik der Rückreise klarzuwerden. Es regte sich hier mein Gewissen, vielmehr die Furcht vor der Heimkehr, und ich entschloß mich dazu, mir meine Briefpost hierher nachkommen zu lassen. Der Papierschwall kam und gab einige Tage zu arbeiten, und unter all dem Unbeträchtlichen war auch etwas Interessantes, war ein längerer Brief von jenem jungen Dichter, dem ich sein Manuskript hatte zurückschicken müssen. Damals hatte sein allzu unwahrer Schmeichelbrief mich etwas unangenehm berührt, jetzt aber erfreute er mich durch seine Aufrichtigkeit ohnegleichen und ließ mich mit lauter treffenden, mit Kraft und Liebe gewählten Ausdrücken wissen, wie unsäglich läppisch, dumm und zuwider ich ihm stets vorgekommen sei. Bravo, junger Bruder Dichter, fahre so fort! Aufrichtigkeit, nicht schöne Redeblumen erwarten wir von der jungen Literatur.

Den liebsten meiner bayrischen Freunde glückte es mir für einen Abend aus seinem oberbayrischen Dorf herunterzulocken, für einen guten herzlichen Abend, den ich ihm nicht vergesse. Auch zur Literatur hatte ich jetzt, wo ich wieder Privatmann war, ein naiveres Verhältnis und wagte es, was ich nur wenigemal im Leben getan habe, mich einigen Kollegen persönlich zu nähern. Ich hatte eine nicht unergiebige Stunde mit Josef Bernhart; Protestant und Katholik können nicht näher zueinander kommen, als wir uns damals kamen. Ich war einen Abend bei Thomas Mann, ich wollte ihm zeigen, daß meine alte Liebe zu seiner Art nicht geschwunden sei, und ich hatte auch ein wenig Lust zu sehen, wie es nun wohl mit diesem Manne stehe, der seine Arbeit so treu und gediegen leistet und dennoch die Fragwürdigkeiten und Verzweiflungen unsres Berufs so tief zu kennen scheint. Bis lange in die Nacht saß ich an seinem Tisch, und er führte die Sache schön und stilvoll durch, in guter Laune, ein wenig herzlich, ein wenig spöttisch, beschützt von seinem schönen Hause, beschützt von seiner Klugheit und guten Form. Ich bin auch für diesen Abend dankbar. Und nun wollte ich gerne auch den Mann sehen, der die Artistenbriefe im »Simplizissimus« schreibt, den Joachim

Ringelnatz, und er war so freundlich, für einen Abend zu kommen, und wir tranken im Ratskeller allerlei guten Wein und waren vergnügt. Als dies zu Ende war, ging ich zur Trambahn und fuhr nach Hause, hatte genug und legte mich ins Bett, Ringelnatz aber fing um diese Stunde erst an zu arbeiten, er mußte noch auf seinem Brettl auftreten, worum ich ihn nicht beneidete.

Draußen in Nymphenburg hatte ich es gut und wurde verwöhnt, konnte den ganzen Tag die Augen ins kühle Wasser stecken oder unter den alten feierlichen Bäumen auf und nieder gehen und den welken Blättern zusehen, wie sie so lustig im Wind davontreiben, unsre kleinen Brüder. Oft sah ich ihnen zu, traurig, oft auch sah ich ihnen zu und lachte. Wie sie, so treibe auch ich, heut nach München, morgen nach Zürich, dann wieder zurück, auf der Suche, aus dem Trieb, das Leid zu fliehen, aus dem Trieb, den Tod noch eine kleine Weile hinauszuschieben. Warum wehrt man sich denn so? betrübte ich mich. Weil dies das Spiel des Lebens ist, lachte ich.

Und weil das Lachen mir eine gute und sehr begehrenswerte Sache schien, darum fragte ich meinen Freund, ob es zur Zeit nicht in München wieder einen echten, klassischen Komiker gebe, so wie ich früher hier den einen und andern schon erlebt hatte. Jawohl, mein Freund wußte mir einen, er hieß Valentin, und wir suchten die Zeitungen durch und fanden, daß er nachts in den Kammerspielen sein Stück »Die Raubritter vor München« spiele. Da gingen wir eines Abends hin. Bis zehn Uhr hatten sie in dem kleinen Theater Strindberg gespielt, dann kam Valentin an die

Reihe. Er spielte mit einer kleinen Truppe die »Raubritter vor München«, ein wunderbares Stück, eine außerordentliche Viecherei. Der Zweck des Stückes war der, dem Valentin Gelegenheit zu geben, als Schildwache mit einem langen Säbel auf und ab zu gehen und komische Sachen zu tun oder zu sagen. Manchmal war es auch zum Schluchzen traurig, zum Beispiel wie er in der kühlen Dämmerung an der Stadtmauer saß, die Ziehharmonika spielte und an sein junges Leben, an den Krieg und den Tod denken mußte. Oder wenn er lange Zeit nachdenklich von einem Traum erzählte, in dem er eine Ente gewesen war und beinahe einen langen Wurm gefressen hätte. An dieser Stelle war, in simpelster Form, die Unzulänglichkeit des menschlichen Erkenntnisvermögens ergreifend zur Darstellung gebracht. Auch diese tragische Stelle wurde, ebenso wie jene mit der Harmonika, mit brausenden Lachsalven begrüßt, nie habe ich ein vergnügteres Haus gesehen. Wie gern doch alle Menschen lachen! Weit von den Vorstädten laufen sie in der Kälte herein, zahlen Geld, warten lang, kommen erst um Mitternacht nach Hause, nur um eine Weile lachen zu können. Auch ich lachte sehr, meinetwegen hätte das Stück bis zum Morgen dauern mögen. Weiß Gott, wann man wieder zum Lachen kommt. Und je größer der Komiker ist, je schauerlicher und hilfloser er unsre Dummheit und unser dummes banges Menschenlos auf die komische Formel bringt, desto mehr muß man lachen! Hinter mir unter den Zuschauern saß eine junge Frau, die legte mir beide Ellbogen auf die Schultern. Ich drehte mich um, weil ich glaubte, sie habe sich vielleicht in mich verliebt, aber es war nur das Lachen, sie wurde davon gestoßen wie eine Besessene vom Dämon. Die Erinnerung an Valentin gehört zu den Kostbarkeiten dieser Reise.

Aber nun war ich lange genug in München und am Tisch meines Freundes sitzengeblieben. Sei ein Mann, rief ich mir zu, und beschloß die Abreise. Jetzt war es nicht mehr wie einst in Locarno, jetzt war das Abschiednehmen nicht mehr leicht, jetzt reiste ich nicht in die Welt hinaus und konnte mit einem Gefühl von Überlegenheit auf die Zurückbleibenden sehen, jetzt ging es wieder zurück, in den Käfig, in die Kälte, in die Verbannung. Nun ja, das Blatt wehrt sich im Wind und muß doch hin, wo er es haben will. Wohin werde ich jetzt fahren? Um wieviel Tage wird es mir noch glükken, die Heimkehr zu verzögern? Vermutlich werde ich noch lange reisen, vielleicht den ganzen Winter, vielleicht das ganze Leben. Überall würde ich am Ende diesen oder jenen Freund finden, für einen Abend beim Wein, und da und dort würden auch meine guten Geister mir wieder in irgendeiner Dämmerstunde begegnen, und die Heiligtümer meiner Jugend. Und überall würde es mir freistehen, über den kalten Wind und die treibenden Blätter nicht bloß traurig zu sein, sondern zu lachen. Vielleicht war doch, wie ich je und je gemeint hatte, etwas wie ein Humorist in mir verborgen, und dann war es ja gut um mich bestellt. Er war nur noch nicht ganz entwickelt, es war mir nur noch nicht schlecht genug gegangen.

Zeittafel

1877 geboren am 2. Juli in Calw/Württemberg
1892 Flucht aus dem evgl.-theol. Seminar in Maulbronn
1899 »Romantische Lieder«, »Hermann Lauscher«
1904 »Peter Camenzind«, Ehe mit Maria Bernoulli
1906 »Unterm Rad«, Mitherausgeber der antiwilhelminischen Zeitschrift »März« (München)
1907 »Diesseits«, Erzählungen
1908 »Nachbarn«, Erzählungen
1910 »Gertrud«
1911 Indienreise
1912 »Umwege«, Erzählungen, Hesse verläßt Deutschland und übersiedelt nach Bern
1913 »Aus Indien«, Aufzeichnungen von einer indischen Reise
1914 »Roßhalde«, bis 1919 im Dienst der »Deutschen Kriegsgefangenenfürsorge, Bern«
Herausgeber der »Deutschen Interniertenzeitung«, der »Bücher für deutsche Kriegsgefangene« und des »Sonntagsboten für deutsche Kriegsgefangene«
1915 »Knulp«
1919 »Demian«, »Märchen«, »Zarathustras Wiederkehr«
Gründung und Herausgabe der Zeitschrift »Vivos voco«, ›Für neues Deutschtum‹. (Leipzig, Bern)
1920 »Klingsors letzter Sommer«, »Wanderung«
1922 »Siddhartha«
1924 Hesse wird Schweizer Staatsbürger
1924 Ehe mit Ruth Wenger
1925 »Kurgast«
1926 »Bilderbuch«
1927 »Die Nürnberger Reise«, »Der Steppenwolf«
1928 »Betrachtungen«
1929 »Eine Bibliothek der Weltliteratur«
1920 »Narziß und Goldmund«
Austritt aus der »Preußischen Akademie der Künste«, Sektion Sprache und Dichtung
1931 Ehe mit Ninon Dolbin geb. Ausländer
1932 »Die Morgenlandfahrt«
1937 »Gedenkblätter«
1942 »Gedichte«
1943 »Das Glasperlenspiel«
1945 »Traumfährte«, Erzählungen und Märchen

1946 Nobelpreis
1951 »Späte Prosa«, »Briefe«
1952 »Gesammelte Dichtungen«, 6 Bde.
1957 »Gesammelte Schriften«, 7 Bde.
1962 9. August: Tod Hermann Hesses in Montagnola
1966 »Prosa aus dem Nachlaß«, »Kindheit und Jugend vor Neunzehnhundert. Hermann Hesse in Briefen und Lebenszeugnissen 1877–1894«
1968 »Hermann Hesse – Thomas Mann«, Briefwechsel
1969 »Hermann Hesse – Peter Suhrkamp«, Briefwechsel
1970 »Politische Betrachtungen«, »Hermann Hesse – Werkausgabe« in 12 Bänden, dort:
»Eine Literaturgeschichte in Rezensionen und Aufsätzen«
1971 »Hermann Hesse – Sprechplatte«, »Mein Glaube«, eine Dokumentation, »Lektüre für Minuten«
1972 Materialien zu Hermann Hesses »Der Steppenwolf«
1973 »Gesammelte Briefe, Band 1, 1895–1921«, »Die Kunst des Müßiggangs«, Materialien zu Hermann Hesse »Das Glasperlenspiel«, Bd. 1
1974 »Hermann Hesse, Leben und Werk im Bild«, von Volker Michels, »Begegnungen mit Hermann Hesse« von Siegfried Unseld, Materialien zu Hermann Hesse »Das Glasperlenspiel«, Bd. 2
1975 »Lektüre für Minuten«. Neue Folge, »Piktors Verwandlungen«, Materialien zu Hermann Hesses »Siddhartha«, Bd. 1
1976 Materialien zu Hermann Hesses »Siddhartha«, Bd. 2
Ursula Chi, »Die Weisheit Chinas und das Glasperlenspiel«
»Über Hermann Hesse«, Bd. 1 (1904–1962)
1977 »Kleine Freuden. Verstreute und kurze Prosa aus dem Nachlaß«
»Aus Kinderzeiten«. Ges. Erzählungen Band 1, 1900 bis 1905
»Die Verlobung«. Ges. Erzählungen Band 2, 1906–1908
»Innen und Außen«. Ges. Erzählungen Band 4, 1919 bis 1955
»Der Europäer«. Ges. Erzählungen Band 3, 1909–1918
»Über Hermann Hesse«, Bd. 2 (1962–1976)

Hermann Hesse
in den suhrkamp taschenbüchern

Lektüre für Minuten. Gedanken aus seinen Büchern und Briefen. Ausgewählt von Volker Michels. Band 7, 240 S.

Unterm Rad. Erzählung. Band 52, 420 S.

Materialien zu Hermann Hesse, »Der Steppenwolf«. Herausgegeben von Volker Michels. Band 53, 380 S.

Das Glasperlenspiel. Band 79, 618 S.

Materialien zu Hermann Hesse. »Das Glasperlenspiel«, Teil I: Texte von Hermann Hesse. Herausgegeben von Volker Michels. Band 80, 390 S.

Die Kunst des Müßiggangs. Kurzprosa aus dem Nachlaß. Herausgegeben von Volker Michels. Band 100, 378 S.

Materialien zu Hermann Hesse, »Das Glasperlenspiel«, Teil II: Texte über das Glasperlenspiel. Herausgegeben von Volker Michels. Band 108, 378 S.

Klein und Wagner. Erzählung. Band 116, 112 S.

Peter Camenzind. Erzählung. Band 161, 164 S.

Der Steppenwolf. Band 175, 120 S.

Siddhartha. Eine indische Dichtung. Band 182, 237 S.

Demian. Die Geschichte von Emil Sinclairs Jugend. Band 206, 266 S.

Ausgewählte Briefe. Band 211, 576 S.

Die Nürnberger Reise. Band 227, 84 S.

Lektüre für Minuten. Gedanken aus seinen Büchern und Briefen. Neue Folge. Ausgewählt von Volker Michels. Band 240, 224 S.

Narziß und Goldmund. Erzählung. Band 274, 324 S.

Die Märchen. Band 291, 270 S.

Über Hermann Hesse. Erster Band 1904–1962. Herausgegeben von Volker Michels. Band 331, 482 S.

Über Hermann Hesse. Zweiter Band 1962–1976. Herausgegeben von Volker Michels. Band 332, ca. 480 S.

Kleine Freuden. Verstreute und kurze Prosa aus dem Nachlaß. Herausgegeben und mit einem Nachwort von Volker Michels. Band 360, 402 S.

Aus Kinderzeiten. Gesammelte Erzählungen Band 1, 1900–1905. Band 347, 408 S.

Die Verlobung. Gesammelte Erzählungen Band 2, 1906 bis 1908. Band 368, 390 S.

Briefe an Freunde. Rundbriefe 1946–1962. Zusammengestellt von Volker Michels. Band 380, ca. 320 S.

Die Gedichte. Band 381, ca. 800 S.

Kurgast. Aufzeichnungen von einer Badener Kur. Band 383, ca. 140 S.

Der Europäer. Gesammelte Erzählungen Band 3, 1909 bis 1918. Band 384, ca. 400 S.

Hermann Hesse
in der Bibliothek Suhrkamp

Die Morgenlandfahrt. Erzählung. Band 1, 124 S.

Narziß und Goldmund. Erzählung. Band 65, 320 S.

Knulp. Drei Geschichten aus dem Leben Knulps. Band 75, 128 S.

Demian. Die Geschichte von Emil Sinclairs Jugend. Band 95, 214 S.

Der vierte Lebenslauf Josef Knechts. Zwei Fassungen. Band 181, 164 S.

Der Steppenwolf. Roman. Band 226, 240 S.

Siddhartha. Eine indische Dichtung. Band 227, 136 S.

Politische Betrachtungen. Band 244, 168 S.

Mein Glaube. Betrachtungen. Band 300, 152 S.

Kurgast. Mit den ›Aufzeichnungen von einer Badener Kur‹. Band 329, 136 S.

Stufen. Ausgewählte Gedichte. Band 342, 248 S.

Eigensinn. Autobiographische Schriften. Band 353, 256 S.

Glück. Späte Prosa: Betrachtungen. Band 344, 143 S.

Iris. Ausgewählte Märchen. Band 369, 170 S.

Hermann Hesse – Thomas Mann. Briefwechsel; herausgegeben von Anni Carlsson, erweitert von Volker Michels. Mit einem Vorwort von Theodore Ziolkowski. Band 441, 338 S.

Wanderung. Aufzeichnungen mit 14 farbigen Bildern des Verfassers. Band 444, 144 S.

Legenden. Zusammengestellt von Volker Michels. Band 472, 184 S.

Musik. Betrachtungen, Gedichte, Rezensionen, Briefe. Mit einem Essay von Hermann Kasack. Herausgegeben von Volker Michels. Band 483, 280 S.

Gesammelte Schriften in Einzelausgaben

Beschwörungen; Bilderbuch: Briefe; Das Glasperlenspiel; Der Steppenwolf; Diesseits; Erzählungen; Kleine Welt; Fabulierbuch; Frühe Prosa; Gedenkblätter; Gertrud; Knulp; Krieg und Frieden; Kurgast; Die Nürnberger Reise; Märchen; Narziß und Goldmund; Peter Camenzind; Prosa aus dem Nachlaß; Roßhalde; Schriften zur Literatur; Siddhartha; Traumfährte; Unterm Rad.

Briefe

Kindheit und Jugend vor Neunzehnhundert. Hermann Hesse in Briefen und Lebenszeugnissen 1877–1894; herausgegeben von Ninon Hesse

Hermann Hesse, Gesammelte Briefe, 1895–1921. Unter Mitwirkung von Heiner Hesse; herausgegeben von Ursula und Volker Michels

Briefe. 2. erweiterte Ausgabe

Hermann Hesse – Peter Suhrkamp. Briefwechsel 1945 bis 1959; herausgegeben von Siegfried Unseld

Hermann Hesse – R. J. Humm. Briefwechsel

Über Hermann Hesse

Dank an Hermann Hesse. Reden und Aufsätze

Hermann Hesse – Eine Chronik in Bildern; herausgegeben von Bernhard Zeller

Hugo Ball: Hermann Hesse. Sein Leben und sein Werk

Emmy Ball-Hennings: Briefe an Hermann Hesse

Adrian Hsia: Hermann Hesse und China

Siegfried Unseld: Hermann Hesse, eine Werkgeschichte

Siegfried Unseld: Begegnungen mit Hermann Hesse

Martin Pfeifer (Hrsg.), Hermann Hesses weltweite Wirkung. Internationale Rezeptionsgeschichte

Sonderausgaben

Hermann Hesse, Die Erzählungen

Hermann Hesse, Weg nach Innen

Hermann Hesse, Schriften zur Literatur. 2 Bde.

insel taschenbuch

Hermann Hesse, Leben und Werk im Bild. Von Volker Michels.

Hermann Hesse, Kindheit des Zauberers. Ein autobiographisches Märchen. Illustriert und mit einer Nachbemerkung von Peter Weiss.

Piktors Verwandlungen. Mit einem Nachwort von Volker Michels.

Dank an Goethe. Betrachtungen, Rezensionen, Briefe. Mit einem Essay von Reso Karalaschwili.

st 375 Hermann Broch, Philosophische Schriften
Kommentierte Werkausgabe, herausgegeben von
Paul Michael Lützeler
Bd. 1 – Kritik, 314 Seiten
Bd. 2 – Theorie, 334 Seiten
Band 1 enthält Brochs Kulturkritik, seine Positivismus-Kritik und die Rezensionen. Die kulturkritischen Stellungnahmen reichen von den frühen, durch Schopenhauer und Nietzsche beeinflußten Aphorismen aus dem Jahre 1908 bis zu den Reflexionen über die philosophischen Aufgaben einer internationalen Universität von 1946. Die Studien zum Positivismus zeigen Broch in der Auseinandersetzung mit B. Russell, L. Wittgenstein und den Vertretern des Wiener Kreises während der 30er Jahre. Bei den Rezensionen handelt es sich um Besprechungen der Werke von M. Adler, E. Bloch, J.-P. Sartre, E. von Kahler u. a.
Band 2 enthält die Beiträge zur Wert- und Geschichtstheorie, die erstmals ein adäquates Bild von Brochs eigenständiger philosophischer Leistung in den 20er Jahren vermitteln. Sie werden ergänzt durch seine erkenntnistheoretischen Abhandlungen.

st 376 Das Gedicht. Eine Sammlung von Benno von Wiese
192 Seiten
»Sich Gedichten verweigern heißt, das Gespräch untereinander unterbrechen wollen.« *Benno von Wiese*

st 377 Milan Kundera, Das Leben ist anderswo. Roman
Aus dem Tschechischen von Franz Peter Künzel
368 Seiten
Der Roman, 1973 in Frankreich erstveröffentlicht, ist die Geschichte des einzigen Sohnes einer Prager Bürgerstochter, die, von ihrem Mann enttäuscht, vom Sohn Jaromil Entschädigung verlangt: er soll der apollinisch vollkom-

mene Dichter werden. »In Jaromil verkörpert sich ein tschechisches Schicksal der Mitte des 20. Jahrhunderts. Im Hintergrund scheinen die markanten historischen Ereignisse der Jahre 1938 und 1968 auf.« *Berner Tagblatt*

st 378 Adolfo Bioy Casares, Fluchtplan. Roman
Aus dem Spanischen von Joachim A. Frank
136 Seiten
In diesem Roman ist die Insel ein Archipel mit Gefängnisanstalten (die Teufels- oder Salutinseln). Der Briefschreiber, der dorthin strafversetzte Leutnant Nevers, soll dem Gouverneur Castel zur Hand gehen. Tage verstreichen, ehe er Castel, über den sonderbare Gerüchte im Umlauf sind, kennenlernt. Eine der Inseln wird Nevers verboten. Er versucht, das Geheimnis zu lüften. Seine Briefe nach Hause, seine Tagebucheintragungen melden seine Erkundungen und Schlüsse, Ergebnisse, die er immer wieder berichtigen muß.

st 379 Christiane Rochefort, Das Ruhekissen. Roman
Aus dem Französischen von Ernst Sander
304 Seiten
Erzählt wird die Geschichte von Liebe und Hörigkeit einer Frau. Sie verfällt einem jungen, süchtigen Intellektuellen, der seine ganze Intelligenz nutzt, um diese Frau immer tiefer zu erniedrigen. Wie dann in der tiefsten Krise, in der beide zugrunde gehen müßten, die Idee des Lebens triumphiert, das gehört zu den erstaunlichen Wendungen dieses erstaunlichen Buches.

st 395 Hans Magnus Enzensberger, Der kurze Sommer der Anarchie
Buenaventura Durrutis Leben und Tod. Roman
Mit Abbildungen
336 Seiten
Die zwölf Kapitel des Romans handeln vom Leben und vom Sterben des spanischen Metallarbeiters Durruti, der nach einer militanten und abenteuerlichen Jugend zur Schlüsselfigur der spanischen Revolution 1936 geworden ist. Die Darstellung beruht auf zeitgenössischen Broschüren, Flugblättern und Reportagen, auf Reden und Memoiren und auf Interviews mit Augenzeugen, die Durruti gekannt haben.

Alphabetisches Gesamtverzeichnis der suhrkamp taschenbücher